dtv

Jess Jochimsen lädt ein zu einer satirischen Reise durch bewegte Zeiten, von der beinahe schiefgegangenen Einschulung im Deutschen Herbst bis zum Fiasko des Klassentreffens fünfundzwanzig Jahre später. Aufgewachsen als Sohn der beiden einzigen bayerischen 68er, zeichnet Jochimsen ein liebevolles und sagenhaft komisches Bild seiner Generation und der seiner Eltern. Was bedeutet es, wenn die Eltern auf Che Guevara und freie Liebe stehen, man selber aber Wickie und Winnetou als Helden auserkoren hat und ›La Boum‹ für den Gipfel an Erotik hält? Was wird aus einem, der von Hippie-Freaks erzogen wurde und eigentlich immer normal sein wollte? Was sind das für Menschen, deren wichtigste Frage nicht »links oder rechts« war, sondern »Geha oder Pelikan«?

Fünfzig Jahre »1968«! Zum runden Geburtstag von Protestkultur, antiautoritärer Erziehung und sexueller Revolte bietet dieser Band den entlarvenden Blick eines Kindes und versammelt die schönsten Geschichten aus Jess Jochimsens Bestsellern ›Das Dosenmilch-Trauma. Bekenntnisse eines 68er-Kindes‹ und ›Flaschendrehen oder: Der Tag, an dem ich Nena zersägte‹.

Jess Jochimsen, 1970 in München geboren, studierte Germanistik, Politikwissenschaft und Philosophie und lebt als Autor und Kabarettist in Freiburg. Zuletzt erschien sein Roman ›Abschlussball‹ bei dtv.

JESS JOCHIMSEN

»Mama und Papa hatte ich nicht, ich musste Renate und Eberhard sagen«

Das Dosenmilch-Trauma &
andere Geschichten eines 68er-Kindes

Ausführliche Informationen über
unsere Autoren und Bücher
www.dtv.de

Dieses Buch ist auch als eBook erhältlich.

Von Jess Jochimsen ist bei dtv außerdem erschienen:
Abschlussball
Bellboy oder: Ich schulde Paul einen Sommer
DanebenLeben
»Krieg ich schulfrei, wenn du stirbst?«
Liebespaare, bitte hier küssen!
Was sollen die Leute denken

2018 dtv Verlagsgesellschaft mbH & Co. KG, München
Dieser Band versammelt eine Auswahl an Geschichten aus
›Das Dosenmilch-Trauma. Bekenntnisse eines 68er-Kindes‹ und
›Flaschendrehen oder: Der Tag, an dem ich Nena zersägte‹
© 2000 und 2002 dtv Verlagsgesellschaft mbH & Co. KG, München
Das Werk ist urheberrechtlich geschützt.
Sämtliche, auch auszugsweise Verwertungen bleiben vorbehalten.
Fotos: © Jess Jochimsen
Umschlaggestaltung: Büro text + partner, Freiburg/
Dietrich Roeschmann nach einem Entwurf
von Michael Meister
Satz: Fotosatz Amann, Memmingen
Gesetzt aus der Melior
Druck und Bindung: C.H.Beck, Nördlingen
Gedruckt auf säurefreiem, chlorfrei gebleichtem Papier
Printed in Germany · ISBN 978-3-423-34931-4

»… über das Erwachsenwerden in einer Zeit,
die man mit billigen Schweizer Plastikuhren misst.«
Schöller & Bacher

»Was sind das für Zeiten,
in denen die Eltern ihren Kindern sagen müssen,
dass sie spießig sind?«
Ralf Rothmann

Inhalt

Meine Eltern
waren Hippies

Meine Eltern waren 68er, und obwohl man das damals noch gar nicht so nannte, war das ausgesprochen hart für mich. Regelrechte Hardcore-Hippies waren sie, mit Flokati auf dem Kopf, Che Guevara in der Küche und Frank Zappa aufm Klo, aber hallo. Sie hörten den ganzen Tag Pink Floyd, da wurdest du blöd in der Birne als Kind. Was für mich allerdings erschwerend dazukam: Meine Eltern sind auch noch Bayern. Bayern und 68er! Das ist eine Kombination, die gibt es eigentlich gar nicht. Man möge sich das bildlich vorstellen, Franz Josef Strauß in Schlaghosen und mit einem Arafat-Schal um den nicht vorhandenen Hals oder auch Stoibers Sturschädel von Dreadlocks bedeckt. Ein Ding der Unmöglichkeit, *bayerische* 68er, da kreuzen sich bigotte Dumpfheit mit sexueller Revolution, Klerikertum mit K-Gruppe, Pink Floyd mit Volksmusik – wenn die sich vermehren, kann man sich ja vorstellen, was da rauskommt: Das sieht nicht gut aus.

Schon im Mutterleib schwante mir Böses, aber ich war von all den Pülverchen und bewusstseinserweiternden Kräutern, welche meine Mutter zu sich nahm, derart benebelt, dass ich meinen Plan, noch etwas länger im Fruchtwasser zu planschen, nicht verwirklichen konnte und pünktlich nach neun Monaten auf das im Wohnzimmer ausgelegte Tüchersammelsurium schwappte. An sich war das ganz nett, alle waren da, die Oma väterlicherseits, meine Mutter, einige Leute, die ich nicht kannte, und mein Erzeuger. Ich hatte ihn ja nie zuvor gesehen, mir ihn aber in etwa so vorgestellt. Er war groß, an den seltsamsten Stellen mit Haaren bedeckt, ein bisschen abgerissen gekleidet, und er ließ sein donnerndes Lachen erschallen, das ich schon im Ohr hatte. Geburtsschlag erhielt ich keinen (logisch, Pazifisten!), und ich dachte: Wird schon werden. Mein Vater nahm mich auf den Arm und begann mit mir erst mal über die Geburt zu reden, völlig zwanglos führte er mich ins Leben ein:

»Ja, griaß di. Servus in der Welt, Burschi, supa, dass'd da bist. He – kloaner Hos'nscheißer, *welcome on örf*. Wir müssen da jetza ned das Diskutier'n anfangen, schau' a mal her: I bin der Eberhard und die, wo da noch so saublöd umanand flackt, des is' die Renate.«

Was für eine Begrüßung! Es war noch viel schrecklicher, als ich in den dunkelsten embryonalen Stunden befürchtet hatte. Und das Schlimmste war: Ich verstand kein Wort. Das muss man sich mal vorstellen, man wird in diese Welt geworfen und versteht noch nicht einmal die eigenen Eltern – weil die so einen grauenvollen Dialekt sprechen. Die ersten Jahre verlebte ich eher unbewusst, da habe ich summa summarum gar nichts verstanden. Und *Mama* und *Papa* hatte ich ja nicht, ich musste immer Renate und Eberhard sagen. In diesem Punkt folgten meine Eltern konsequent den pädagogischen Maximen der frühen 70er-Jahre. Der Eigenname durfte um keinen Preis aufgegeben werden. Nur um das ein für alle Mal klarzustellen: *Mama* ist für ein Baby wesentlich leichter zu artikulieren als *Renate*!

Gestillt wurde ich, bis ich acht war, und dann gab's Körner. Dass ich überhaupt gewachsen bin, darf getrost als Wunder bezeichnet werden. Es handelte sich im Übrigen um Körner, die sich heute in keinem Laden dieser Republik mehr auf legalem Wege erwerben lassen. Garniert wurden diese Verdauungsbremsen mit allerlei Farnen und Moosen, von denen auch nur meine Eltern meinten, dass sie überhaupt essbar waren. Das Grünzeug war selbstredend im eigenen Garten angebaut und ungespritzt. Meine Fresse, das hätte man gar nicht spritzen brauchen, da wäre kein Schädling der Welt freiwillig rangegangen. Alsdann zermanschte derjenige, der laut Kochplan an der Reihe war, das Ganze in einem hölzernen Bottich und verrührte den bizarren Sud in rituellen, kreisenden Bewegungen. Linksdrehend.

Gesalzen wurde nicht. O nein, kein Salz, in den Salinen beutete die herrschende Klasse schließlich die Arbeiter aus, und der Eberhard und die Renate wollten da *ein Stück weit schon auch* ein Zeichen setzen. Curry gab es ebenso wenig, handelte es sich dabei doch um ein Produkt des englischen Imperialismus. Ketchup war aus antiamerikanischen Gründen vollkommen ausgeschlossen. Ketchup? *No way!* Die Renate wetterte in ihrer unnachahmlichen Diktion:

»Man tunkt seine Pommes ned in das Blut von Fietnam!«

Pfeffer hatten die Herrenmenschen auf den Kreuzzügen

geraubt, neulich erst, kam also auch nicht auf den Tisch. Man kann sagen, dass meiner Kindheit ein bisschen die Würze gefehlt hat. Die Suppe jedoch musste ich auslöffeln. Das war ein typischer Erziehungswiderspruch meiner Eltern: antiautoritär kochen, aber aufessen müssen. Natürlich wehrte ich mich mit Händen und Füßen, allein der Eberhard und die Renate verfügten über sämtliche didaktischen Aufess-Tricks. Als ob man eine Wahl gehabt hätte, tunkten sie den Löffel in die Pampe und säuselten etwas von »komm', noch einen Happen für den Opa«, und zack, schon bekam ich mit dem Zeug den Mund gestopft. Dabei hatte ich überhaupt keinen Opa, aber es gab schlicht und ergreifend keine zwei Meinungen: »Ein Happa für den Onkel, ein Happa für die Oma ...«, wie oft wünschte ich mir, dass in der Verwandtschaft möglichst bald wieder jemand sterben möge. (Obwohl ich diesen Wunsch immer gleich bereute, denn die Bärenmarken-Oma wollte ich keinesfalls gefährden.) Wenn es aber absolut ungenießbar wurde und ich mich partout weigerte, auch nur einen Bissen runterzuwürgen, griffen meine sonst so toleranten Eltern doch mal in die Knüppelkiste teutonischer Pädagogik:

»Wenn du des ned aufisst, Burschi, wenn du des ned aufisst, gibt's morgen schlecht' Wetter!«

Mein Gott, diese Verantwortung. Ich entschuldige mich hier in aller Form für so manch verregneten Sommer in den 70er- und 80er-Jahren. Aber ich hab's einfach nicht runtergebracht, dafür gewann der Begriff »Hungerstreik«, der in den Gesprächen der Erwachsenen so oft fiel, für mich schon sehr früh an Bedeutung.

Was darüber hinaus ebenfalls den eher scheußlichen Dingen meiner Kindheit zugerechnet werden muss und zudem auch wenig appetitanregend wirkte: Meine Eltern waren immer nackt. Das war ... also schön war es nicht. Der Eberhard und die Renate hatten nie was an zu Hause, das war *open*. Sie liefen wie Adam und Eva durch die Kommune und nahmen da überhaupt kein Blatt vor den Unterleib. Total *open* war das. Unser Haus besaß auch keine Türen, alles *open*, und immer wenn meine Eltern im Schlafzimmer waren, wenn sie in trauter Zweisamkeit im Bett lagen, wenn ›Wish you were here‹ auf dem Endlosband lief und wenn ich das alles in Ermangelung von Türen auch noch mit ansehen musste, riefen sie schnaufend:

»Geh weiter, Burschi, schau dir des ruhig an. Des ist Liebe.«

Die Renate kniete auf dem Bett und der Eberhard dotzte ihr von hinten mit seinem Unterleib gegen den Allerwertesten, also Liebe konnte ich da keine entdecken.

»Magst du koa Schwesterchen?«, fragte mich die Renate keuchend. »So geht des nämlich. Oder glaubst du noch an den Klapperstorch?« Dass sie überhaupt sprechen konnte, so wie sie traktiert wurde, wunderte mich, und mein Vater schrie:

»Schau her, so haben der Eberhard und die Renate dich auch g'macht, g'rad a so ham wir dich aa g'macht!« Dann brüllte er wie ein russischer Hammerwerfer beim entscheidenden letzten Versuch.

Also ich hätte echt kein Problem damit gehabt, vom Affen abzustammen, aber von Eltern, die so was so *open* machten, wollte ich nicht abstammen! Das sah vielleicht krank aus. Das konnte unmöglich die herkömmliche Art der Fortpflanzung gewesen sein, denn das hieße ja, dass dann alle so einen Eiertanz aufführten. Nein, nein, das war nur bei meinen Eltern so, und deswegen bin auch nur ich ein derartig verkorkster Typ geworden.

Heute kommt mir gelegentlich in den Sinn, dass das Liebesleben meiner Freunde und Bekannten streng genommen noch viel kranker aussieht. Viele haben gar keines. Das sind die neuen Werte, also die ganz alten: Keinen Sex vor der Ehe, kein Petting vor der Verlobung. Oder Blümchen-Sex. Oder Dr.-Sommer-Sex. Also irgendwas hat sich im Wertegefüge doch verschoben, wir sind so: politisch indifferent, sexuell desorientiert, aber immer gut gekleidet. Und: Wir haben *fun*. Aber hallo haben wir einen *fun*. Wir hoppen von Event zu Event, von Club zu Club und haben aber so was von *fun*. Und einmal im Jahr scheißen wir in den Tiergarten und haben Spaß dabei. Welch eine Entwicklung – von der freien Liebe zur Loveparade, *evolution sucks*!

Was allerdings die moderne Musik, von House bis Techno, von Rap bis Big Beat angeht, daran bin ich unschuldig. Erstens kenne ich mich da nicht aus und zweitens wurden mir meine Vorliebe für Computer-Sounds und meine ablehnende Haltung gegenüber West-Coast-Protest-Geschrammel und anderer *Handmade*-Musik quasi in die Wiege gelegt. Bereits im Alter von fünf Jahren schenkte mir der Eberhard eine Klampfe. Alle meine Freunde bekamen Playmobil und ich eine E-Gitarre! Die Renate pickte eine Pril-Blume auf den Korpus, und ich sollte mich freuen, schönen Dank auch, das Teil wog so schwer, dass ich es kaum halten konnte. Und das Problem mit Instrumenten ist ja vor allem das Erlernen ebendieser. An sich verlief die musikalische Entwicklung streng linear. Aus dem gemeinsamen Orff'schen Singspiel kristallisierten sich genau zwei Stränge heraus: die Flöteneleven, die später mal Sologeigerin oder zumindest Konzertcellist werden sollten, und die zukünftigen Klavierschüler. Letztere Gruppe unterteilte sich noch in die Okarina- und die Melodica-Fraktion, aber das führt jetzt vielleicht zu weit. Ich stand sowieso außen vor, denn ich bekam als Einziger Gitarrenunterricht. Aus Kostengründen bei einem Weggefährten meines Vaters, einem Liedermacher, vor dessen Liedern der Staat oftmals erzitterte – und ich auch. Das erste halbe Jahr habe ich keinen einzigen Ton gelernt, die ersten 20 Stunden bestanden ausschließlich im politisch korrekten Bekleben des Gitarrenkoffers. Und was dann kam, war noch furchtbarer.

Warum ich mich im elektrischen Saitenspiel üben musste, fand ich schnell heraus. Meine Eltern wollten mich als Rhythmusgitarrero für ihre WG-Kapelle gewinnen. Keine Strafe war härter als Hippie-Hausmusik mit Eberhard an dem Sitar und Renate an den Bongos, hey, nach zehn Minuten hattest du Ohrmuschelkrebs im Endstadium. Ich glaube, die 70er-Jahre waren der Horror für alle, die sich in Hörweite befanden, speziell für unsere Nachbarn, die von Gintens. Irgendwann verboten sie ihrer Tochter Astrid sogar, mit mir zu spielen (was mir nicht unrecht war). Ich bin mir sicher, die von Gintens haben sich gedacht: Eltern, die solche Musik machen und nackt in der Gegend herumlaufen, wie werden die wohl ihr

Kind erziehen? Ich gebe zu, dass ich mich das auch manchmal gefragt habe.

Dabei wollte ich doch eigentlich nur normal werden. Das konnte doch nicht so schwer sein. Wieso hat das nicht geklappt? Vielleicht weil ich nie Prügel bekam? Meine Eltern haben mich nie geschlagen, da wird man doch nicht *normal*. Ich wurde noch nicht einmal missbraucht. Wie sollten sich so die gängigen Neurosen herausbilden? Es ist ja nicht so, dass ich nicht ausreichend mit Wissen und Werten versorgt worden wäre, ich konnte damit nur nie so recht etwas anfangen. Meine gesamte Kindheit hindurch wurde ich mit Regeln und Richtungsweisern vollgeschrieben. Wie eine Tafel. Alle können lesen, was draufsteht, nur man selber nicht. Noch heute fühle ich mich manchmal so. So *merkunwürdig*. Wie ein geknicktes Vorfahrtsschild, das irgendwo, meilenweit von der nächsten Straße entfernt, rumsteht. Einfach nur dumm rumsteht.

Die Einschulung

Mit dem Namen *Jess Jochimsen* warst du in Bayern der komplette Volldepp, kein Schwein konnte das aussprechen, geschweige denn schreiben.

Ich wäre wegen dieses Namens beinahe nicht eingeschult worden.

Dabei wollte ich von ganzem Herzen in die Schule. Nach viereinhalb Jahren marxistisch-leninistischer Krabbelgruppe und ideologiekritischem Kinderladen wollte ich unbedingt da hin. Im schulfähigen Alter war ich, daran lag es nicht, außerdem hatte ich die beiden Tests für die Schulreife bestanden. Zum einen: Ich konnte auf dem Strich gehen. Problemlos. Das musste man damals, wenn man in die Schule wollte.

Zehn Meter auf einem Kreidestrich entlanglaufen, ohne auf die Fresse zu fallen. Konnte ich. Die zweite Prüfung bestand aus einer Turnübung. Mit dem rechten Arm über den Kopf ans linke Ohr. Und umgekehrt. Wenn man das konnte, war man in Bayern schulreif – oder hatte zumindest sehr lange Arme für sein Alter. Egal, ich war reif!

Die Problematik meiner Einschulung lag eher in meinen Eltern und der Zeit begründet. Ich sollte ja 1977 damit beginnen, lesen und schreiben zu lernen, und 1977 tobte der deutsche Herbst, es war die Zeit der Schleyer-Entführung und der RAF. Der Eberhard und die Renate hielten die Schule für eine ideologisch äußerst bedenkliche Einrichtung. Ein politisch hochbrisantes Klima herrschte, und *Schule*, sagen wir es, wie es ist, war für meine Eltern eine *kryptofaschistische Institution des Staatsapparates.*

Ich hatte keine Ahnung davon, was genau die Schule sein sollte, ich wusste gerade einmal, dass es sich um etwas Faschistisches handelte – und ich wollte da hin; meine Sandkastenkumpels wollten ja auch, warum ich also nicht?

Aber meine Eltern hat das mit der Schule schlicht und ergreifend nicht interessiert. Die saßen in der Küche, diskutierten endlos über die politischen Ereignisse und nahmen Drogen. Mich ergriff Panik, dass die Renate und der Eberhard meine Einschulung verpennen, die Anmeldung einfach vergessen könnten, weil sie ständig am Labern waren und dabei ganze Felder wegkifften. Sie hockten rum und bauten in einer Tour Tüten. Riesendinger waren das, *don't bogart that joint my friend*, und diese Tüten wurden dann geraucht, bis die Augen nur noch aus den Pupillen bestanden. Als ich schließlich doch noch in die Schule kam, habe ich die Schultüten für etwas zum Rauchen gehalten!

Verunsichert und aufgeregt betrat ich den ungeheuren Betonbau der staatlichen Wittelsbacher Grundschule. Mein erster Schultag! Zur Begrüßung mussten sämtliche Eleven nebst ihren Eltern auf den akkurat aufgestellten Stühlen in der Aula Platz nehmen. Das erste Gefühl, welches mich beschlich, lässt sich mit einem Wort präzise beschreiben: Neid. Alle anderen Kinder waren gekämmt und anständig angezogen, ein sauberes Hemd, gebügelte Hose, Halbschuhe, in den Händen stolz die Schultüte und zur Rechten und Linken: Mama und Papa. Ich dagegen saß bedröppelt da, trug Sandalen und ein lila Batikleibchen. Neben mir lümmelten, in ihren Bewegungen doch recht verlangsamt, Renate und Eberhard mit verfilzten Haaren und Strickzeug. Welch ein Auftritt in der Aula der Wittelsbacher!

Der Direktor hielt seine Rede. Dass von nun an alles anders würde, sagte er, und dass uns ein neuer Lebensabschnitt erwarte. Er sprach von Verantwortung, Pflichten und Leistung. Die anwesenden Erziehungsberechtigten lauschten andächtig, ab und zu wurde geklatscht. Nur die Renate hat »buh« gerufen, während der Eberhard abwesend strickte. Mann, war mir das peinlich.

Sagen durfte ich freilich nichts, weil ich mich noch keineswegs auf der sicheren Seite befand. Ich war nämlich noch nicht wirklich eingeschult, denn hierzu mussten erst die Klassen eingeteilt werden. Bei hundertzwanzig ABC-Schützen sollte es dann doch drei erste Klassen geben. Zum Zwecke der Aufteilung wurden alle aufgerufen. Der Direktor *himself* rief alle Kinder namentlich auf, sie mussten sich erheben und wurden von einer der drei engelsgleichen Grundschullehrerinnen an der Hand genommen und in je eine Ecke der Aula zum Sammeln geführt.

Die ersten vierzig Kinder trafen sich an der linken Wand unter dem überdimensionalen Kruzifix. Das hing damals noch völlig legal an Bayerns Schulen. Die zweite Gruppe hatte sich auf der gegenüberliegenden Seite einzufinden, neben der marmornen Büste von Franz Josef Strauß. Der

Ministerpräsident war zwar noch am Leben, stand aber trotzdem da rum. Die dritte Klasse schließlich durfte zur Hauptautorität der Institution, von Kirche und Staat quasi flankiert, zum Kiosk des Hausmeisters. Tempel der Glückseligkeit. Der Hausmeister war der Herrscher über Brezen und Brötchen, Snickers, Mars, Hanuta, Raider (Fuck Twix!), Ahoi-Brause, Sunkist und Capri-Sonne. Das Paradies! In diesem Moment wusste ich, warum ich in die Schule wollte.

Alle wurden sie nacheinander aufgerufen, ALLE – außer mir. Warum, zum Teufel, fiel mein Name nicht? Ich ahnte es, meine Eltern hatten die Anmeldung verschlafen. Ich hatte es gewusst! Jeder kam dran, nur ich nicht. Es war wie die Reise nach Jerusalem, nur umgekehrt. Ein jeder hörte das erlösende Zeichen, stand von seinem Stuhl auf und ging. Nur ich blieb sitzen. Mein Gott, noch nicht einmal in der Schule, und schon sitzen geblieben. Wie demütigend war es doch, die wenigen mir vertrauten Menschen fortgehen zu sehen. Katja Berger, die ich schon auf dem Spielplatz mehr als nur liebte, wurde aufgerufen und verließ mich. Harald Meyer durfte, obwohl er stark lispelte, in die Schule. Selbst Astrid von Ginten, die dumme Ziege, erhielt die Fahrkarte in die bessere Welt. Name um Name erschallte, aber kein Jess Jochimsen. Als einer der Letzten wurde dann sogar Erwin Moser aufgerufen, und ich brüllte mit tränenerstickter Stimme:

»Der kann keine zwei Meter auf dem Strich gehen, und an seine Ohren kommt er auch nicht ran mit seinen Wurstfingern!«

Keiner hörte mich. Die Schmach war perfekt: Der dicke

Erwin durfte zum Kiosk, und ich musste zurück in den Kinderladen. Das war das Ende. Alle Namen, die es überhaupt gab auf der Welt, hatte der Direktor aufgerufen. Alle. Außer Jess Jochimsen.

Von meinen Eltern brauchte ich keine Hilfe zu erwarten. Ich senkte den Blick und begann zu beten, aber kein Engel erschien, um mich zu den anderen zu geleiten. Irgendwann schloss ich meine Augen, weinen sollte mich niemand sehen. Da hörte ich die sonore Stimme des Direktors:

»Jens Joachim.«

Ich blinzelte und wischte mir den Rotz aus dem Gesicht.

»Jens Joachim. Wo ist der?«

Vorsichtig sah ich mich um. So ein Idiot, dieser Jens, dachte ich, der wurde aufgerufen und war nicht da. In diesem Augenblick sagte die Renate zu mir:

»Jetza steh schon auf. Du wolltest doch in d'Schule.«

»Jens Joachim!« Der Direktor wieder.

»Zefix, bist du taub, Bua? Na geh schon!«

Da fiel es mir wie Schuppen von den verheulten Augen. Die Renate wollte bescheißen. Erst verpennte sie, mich anzumelden, und jetzt gab sie mich für einen anderen aus, für diesen Jens Joachim, und der Eberhard mischte natürlich auch mit.

»I hab' koan Bock mehr, hier weiter rum zum Stricken. Burschi, schau', dass'd nach vorn kimmst.«

Ein Komplott, eine Verschwörung. Der Direktor wurde jetzt langsam ungeduldig.

»JENS JOACHIM!!!«

Zaghaft meldete ich mich. Warum auch nicht, wenn ich so in die Schule kam. Vielleicht war dieser Jens ja tot? Was aber, reflexartig zog ich den Arm zurück, wenn er nur krank war? Windpocken, Pfeiffer'sches Drüsenfieber? Eines Tages würde er wieder gesund sein, wiederkommen, und der ganze Schwindel würde auffliegen. Ich nahm all meinen Mut zusammen und stand auf.

»Herr Direktor! Ich bin nicht der Jens, ich bin der Jess! Ich wollte …«

Doch dem Direktor war das egal. Er hörte gar nicht zu, sondern hakte mich einfach auf seiner Liste ab. Das durfte doch nicht wahr sein, meine Schullaufbahn sollte mit einer Straftat beginnen. Mit Betrug an Bayerns Schulwesen!

Was heckten meine Eltern da aus? Fieberhaft überlegte ich. Mein Gott, natürlich: September 1977. Die Schleyer-Entführung. Die RAF. Hatten der Eberhard und die Renate den kleinen Jens heimlich entführt, ermordet und verscharrt? Damit ich an seiner Stelle in die Schule könnte? Err-Aah-Eff, Renate-Eberhard-Fraktion, Kommando 1. Schultag! Es handelte sich um einen von langer Hand vorbereiteten Austausch. Jess Jochimsen statt Jens Joachim. Wegen der täuschend ähnlichen Namen fiel niemandem etwas auf. Das perfekte Verbrechen: den gleichaltrigen Jens beseitigt, damit ich unter seinem Namen eingeschult werden konnte. Wahrscheinlich müsste ich sogar zu seinen Eltern ziehen, damit die keinen Verdacht schöpften. Vor meinem geistigen Auge erschien eine modisch gekleidete, groß gewachsene Frau und fragte mich:

»Wie war denn dein erster Schultag, Jens, hm?«

Auf diese Frage vorbereitet, erfüllte ich, brillanter Schauspieler, der ich war, meinen Teil des teuflischen Plans:

»Ganz schön. Danke der Nachfrage, Frau Joachim, äh, Mama.«

Was aber, wenn sie wider Erwarten doch Verdacht schöpfte und zur Polizei ginge? Dann käme alles heraus. Ich sah schon die Fahndungsfotos beim Bäcker. Die GSG 9 stürmt die Grundschule, um mich ins Gefängnis zu bringen oder – schlimmer noch – zurück in den Kinderladen.

In diesem Moment nahm mich eine der Lehrerinnen bei der Hand und führte mich zum Kiosk.

»Komm, Jens!«

Und ich war zum Verbrecher geworden.

Aber immerhin eingeschult.

Die erste Zeit habe ich in unglaublicher Angst gelebt und gelernt. Wenn dieser Coup aufgeflogen wäre, wäre ich dran gewesen. Ich wäre nach Stuttgart-Stammheim verfrachtet worden, in die Isolationshaft des Hochsicherheitstraktes. RAF-Anwalt Otto Schily hätte sich ein paar Jahre lang vergebens um meine Verteidigung bemüht. (Wenn Herr Schily heute von diesem Verbrechen erführe, würde er freilich keinen Finger mehr krumm machen. Er würde mich wahrscheinlich direkt abschieben – wegen meines Namens nach Norwegen.) Allein, niemand hat jemals etwas gemerkt. Bis auf den heutigen Tag weiß ich nicht, wo meine Eltern den kleinen Jens vergraben haben.

Im Laufe der Zeit ließ meine Angst immer mehr nach, und was mich dann gänzlich in Sicherheit wog, war eine Banalität. Das Sportfest. Anfangs konnte man mich ja getrost als Fleisch gewordene Niete bezeichnen. Laufen,

Werfen, Weitsprung stellten für den schmächtigen Jens Joachim große Probleme dar. Bei den Bundesjugendspielen in der dritten Klasse jedoch hatte ich den Dreh raus und erhielt eine Ehrenurkunde; keine vom Direktor unterzeichnete Siegerurkunde, nein, eine Ehrenurkunde, und die war vom unbestechlichsten Mann des Staates unterschrieben, von Karl Carstens persönlich. Und was stand da, schwarz auf weiß? »Ehrenurkunde für Jens Joachim.« Also, wenn nicht einmal der Bundespräsident etwas merkte, wer dann? Später, auf dem Gymnasium, wurde ich gelegentlich sogar bei meinem richtigen Namen genannt, und irgendwann schien die Sache gegessen zu sein. Ich glaube, diese Geschichte ist eines der ganz wenigen ungeklärten Verbrechen der RAF.

Rückblickend aber kann ich sagen, dass ich keinen Tag meiner Schulzeit missen möchte. Schule war so wichtig für mich, ich lernte Dinge, die kannte ich von meinen Eltern her gar nicht. Disziplin, Gehorsam, Prügelstrafe. Wunderbar. Zu Hause wurde *Peace* großgeschrieben, in der Wittelsbacher dagegen gab es endlich Waffen. Den Zirkel, die Laubsäge, das Linolschnittmesser. Und was am wichtigsten war: In der Schule ging es um die wirklich bedeutenden Fragen des Lebens, nicht um so läppische Unterscheidungen wie »links oder rechts«, »Russland oder Amerika«, »Krieg oder Frieden«. Nichts dergleichen. Die Frage, die nur in der Schule gestellt wurde, die alles entscheidend und prägend war, lautete:

»Geha oder Pelikan?«

Mein erstes Stofftier war ein Bär. Ich nannte ihn Teddy-Freddy. Wenn man dem Bären auf den Bauch drückte, brummte er, und das vertrieb die bösen Träume. Recht bald aber hatte Freddy nicht mehr viel von einem Teddy. Ich hatte ihn ziemlich entbärt: nur noch ein Ohr, die Augen hingen raus … Er brummte auch nicht mehr.

»Der Bär hat bloß Bauchweh«, sagte mein Opa, aber nach der Cola-Therapie und der nötig gewordenen Operation sah Teddy nicht mehr gut aus. Mein Opa sammelte die Holzwolle ein und sagte, er kenne einen Laden, der das wieder hinkriegt. Ich sah Teddy-Freddy nie wieder.

Dabei hatte ich den Bären vom Opa bekommen. Als Entschädigung. Der Opa hatte mich einmal mit ins Kino genommen, in ›Bambi‹, und auf dem Rückweg fuhr er ein Reh tot.

In memoriam Rechtschreibung

So komisch das klingt, meine Eltern legten großen Wert auf gute schulische Leistungen.
Ein bizarre Blüte der Post-68er-Pädagogik: Der *Institution* Lehranstalt gegenüber blieben der Eberhard und die Renate während meiner gesamten Schulzeit skeptisch eingestellt, aber die Noten hatten zu stimmen. Also, wenn das nicht paradox ist: Ich sollte gerne ein bisschen aufsässig sein und rebellieren, aber lauter Einsen heimbringen – schaff das mal. Was hatte ich Schiss, wenn es Zeugnisse gab und ich die zu Hause vorzeigen musste. Wenn in der Spalte für *Betragen* stand:

»Jens ist fleißig und ordentlich. Er macht mit und passt sich gut an.«

Da ist für meine Eltern beinahe eine Welt zusammengebrochen (und der falsche Name half gar nichts). Und hatte ich dann endlich mal die ersehnte Rüge für heimliches Rauchen auf dem Schulklo, waren eben auch die Noten dementsprechend. Recht machen konnte man es ihnen praktisch nie. Der Ehrgeiz meiner Eltern richtete sich vor allem auf die Rechtschreibung. Nicht genug, dass das in der Schule bis zum Erbrechen geübt wurde, die Leistungen in Deutsch mussten immer top sein. Bei einer Vier im Diktat war Schluss mit lustig. Über Wochen trainierte die Renate mit mir Lesen und Schreiben. Ich habe keine Ahnung, warum sie mich gerade hier so traktierte. Vielleicht, weil sie den Pädagogen der Nationalsprache einfach misstraute oder weil Sprache wirklich Macht war oder was auch immer. Nachmittage lang erfand sie Texte und versuchte, mir den lebenswichtigen Unterschied zwischen dem »Fenster-F« und dem »Vogel-V« und andere sprachliche Raffinessen einzutrichtern.

Einmal diktierte sie, um mir eine Freude zu machen, den Satz:

»Winnetou war der Häuptling der Apachen.« Und ich schrieb:

»Finetu war der Heubtling der Appatschen.«

Da hätte mich die Renate zum ersten Mal fast geschlagen. Später übernahm dann der Computer meine sprachliche Erziehung. Natürlich wollte ich einen Commodore-Rechner, wie ihn alle hatten. Auf denen konnte man wunderbar *Summergames* spielen und sich durch das permanente Ruckeln am Joystick eine Sehnenscheidenentzündung holen. Aber meine Eltern bestanden auf Atari, dessen hervorstechendste Eigenschaft die Thesaurus-Funktion im Schreibprogramm war. Und weil diese Rechtschreibhilfe in den frühen Versionen alle Texte bis zur Unkenntlichkeit entstellte, »Winnetou ist unbekannt, biete an: Winter-Tour«, war ich gezwungen, doch noch halbwegs richtig Lesen und Schreiben zu lernen.

Winnetou auf dem
Bonanza-Rad

Das hört sich immer so einfach an: In den 70er-Jahren herrschte *Love & Peace*, Pazifismus war mehr als nur ein Wort. Oder: Die 68er erzogen ihre Kinder freizügig, politisch korrekt und geschichtsbewusst. Wenn man dergleichen im Lexikon liest, hat es den Anschein, alle wüssten Bescheid. Eine Pädagogik wie aus dem Lehrbuch. Ganz so einfach ist das aber gar nicht. Ich muss schon ziemlich in meinem Hinterkopf kramen, um ideologisch cleane Erziehungsmaßnahmen meiner Eltern zutage zu fördern. *Straight* lief das nie ab, eine überbaugerechte Pädagogik erlebte ich eher beiläufig, in den banalen Dingen des Erwachsenwerdens, wie im Fasching zum Beispiel, wo man einmal im Jahr ein anderer sein durfte. Eines Jahres kamen meine Eltern auf die glorreiche Idee, ich könnte ja als Gandhi gehen. Ich wusste damals überhaupt nicht, wer Gandhi war, aber es klang so gar nicht nach Cowboy und Indianer, wobei Cowboy ohnehin nicht drin gewesen wäre. Der Eberhard und *wild west …*

»Z'erst einmal, anything goes. Aber bewaffnet gehst du mir ned aus'm Haus – und als Amerikaner verkleidet gleich zwoamal ned! Machst halt den Gandhi, ha?«

Die Renate dagegen versuchte, mich etwas subtiler für diese ideologisch wertvolle Idee zu begeistern.

»Hey, der Mahatma is' affengeil. An Cowboy kann a jeder. Als Gandhi bist voll indifiduell!«

Als ich die Verkleidung gesehen habe, begriff ich sofort, was sie mit »individuell« meinte: die totale Vereinsamung eines Kindes, und zwar binnen kürzester Zeit. Kostümtechnisch stellte der indische Friedensstifter kein wirkliches Problem dar, wir hatten ja alles im Haus. Alte Birkenstöcker vom Eberhard sollte ich anziehen, so Vollkornhausschuhe in Übergröße, des Weiteren ein Bettlaken um den Bauch, eine Brille und fertig. Fehlte nur noch, dass sie mir eine Glatze schnitten, allein, was die Haare anging, waren sie sehr sensibel und *irre tolerant*.

Trotz allem: Was sollte diese bescheuerte Idee? Gandhi? Wenn es möglich gewesen wäre, hätte ich mich schnurstracks zur Adoption freigegeben. Ich schreie es in die Welt hinaus: Hat irgendjemand in diesen Breitengraden jemals als Kind Gandhi gespielt? Wie sieht das denn aus?

»Mama, ich gehe noch ein bisschen raus, Gandhi spielen.«

»Jetzt wird erst mal gegessen, mein Sohn.«

»Ach Männo! Wir spielen doch Hungerstreik und befreien Indien von den Briten.«

Erschwerend kam hinzu, dass Astrid von Ginten im Fasching stets als Mutter Theresa kam; die Nachbarstochter, Astrid von Ginten, von mir liebevoll immer »Arschtritt von hinten« genannt. Ein toller Karnevalsspaß: Alle anderen sind gepflegt am Ballern, und ich sitze mit Astrid im Sandkasten und meditiere. Also wirklich nicht. Aber meines Vaters Haltung in dieser Frage blieb basisgeschult K-Gruppen-klar:

»Mit Waffen, Burschi, mit Waffen wird ned g'spielt. Basta!« Im Vertrauen auf Renates doch eher Summerhill-angehauchtes Erziehungskonzept drohte ich ihr damit, mir auf der Stelle die Haare abzuschneiden.

»Gott bewahre, nicht die Haare! Jess, du sollst den Gandhi doch nur *darstellen*, verstehst'? Fasching is' a Rollenspiel, nur übertreiben brauchst' das nicht.«

Die Schere in der Hand, schaltete ich auf stur, und die Renate lenkte ein.

»Okay, okay, okay. Dann sag doch mal selber, wer möchast'n gern sein?«

Ich wusste sehr wohl, wer ich sein wollte, und zwar nicht nur im Fasching, sondern das ganze Jahr, mein großes Idol:

»Winnetou!«

Da kam ich beim Eberhard an den Richtigen.

»Ah geh, Winnetou! Alles, was dich interessiert, is' a Waffe in der Hand.«

»Jetza Eberhard«, sprang mir meine Mutter helfend zur Seite, »das g'hört zum Finetu dazu. Der Che Guevara hat doch auch a Waffe.«

»Der Che, des is' a ganz eine andere Baustelle, Renate.«

»Was hast'n so gegen den Finetu? Woast es nimmer, Eberhard, wie wir zwoa auf der Demo waren, '68? Was wir g'schrien haben? ›Amis raus aus Uuh-Ess-Aah, Finetu ist wieder da!‹ Jetza lass dem Bua halt sein' Willen.«

Und ich durfte Winnetou sein. Für meine Eltern war das eine Kompromisslösung, ganz klar. Wenn ich etwas gelernt habe, dann das: Winnetou lag genau in der Mitte zwischen Che Guevara und Gandhi, der hatte von beiden etwas. Der Häuptling der Apachen war ein Guter, aber doch auch friedlich, und er hat den Bösen immer nur in die Beine geschossen.

Die Hauptsache war, dass ich meinen Helden verkörpern durfte. Alle Filme, mit Ausnahme von ›Winnetou III‹ natürlich, sämtliche Abenteuer und Taten habe ich nachgespielt. Wochenlang probierte ich etwa, mit einem Schilfhalm unter Wasser Luft zu bekommen. Kein schöner Anblick, wie ich mich zu Übungszwecken durch die Pfützen wälzte. Diesbezüglich muss ich Karl May und Horst Wendtland einen deutlichen Vorwurf machen, das ging mit einem Schilfrohr gar nicht. Die einzigen Geräte, mit denen das funktionierte, waren die abknickbaren McDonald's-Strohhalme, und die konnte ich keinesfalls mit nach Hause bringen. Das wäre der Provokation dann doch zu viel gewesen. Meine ausgeklügelte Ausrede, dass ich die gestreiften Trinkrohre nur geklaut hätte, nicht zuletzt, um so das ausbeuterische Ami-Unternehmen entscheidend zu schwächen, hätten der Eberhard und die Renate niemals durchgehen lassen. Zum Glück gab es ja noch die Großmutter väterlicherseits, und die scherte sich einen Dreck darum, was ich in ihrem Badezimmer trieb. Mehrere Minuten verharrte ich unsichtbar in der Wanne, trotzdem hat mich die Bärenmarken-Oma immer gefunden.

Der Hauptkonflikt mit meinen Eltern stand indes noch aus. Eigentlich brauchte Winnetou nämlich – was heißt eigentlich? – *unbedingt, selbstredend* brauchte Winnetou ein Pferd. Und nicht irgendein Pferd, der tapfere Krieger benötigte ein Bonanza-Rad.

Da war die Kacke am Dampfen. Ein Bonanza-Rad, *US-imperialistisches Kinder-Kriegsspielzeug* zum drauf Radeln. Der Eberhard tobte und war voll in seinem Element:

»Jetza langt's mir aber, Burschi. A Bonanza-Radl, das schaurige Sinnbild des gefräßigen Kapitalismus! Renate, sag' doch du auch a mal was.«

»Also da muss i dem Eberhard schon a bissel Recht geben, Bua. G'fällt dir deins nimmer? Wir haben dir doch grad erst a neues gebrauchtes Radl gekauft.«

Mein Vater war kaum noch zu bremsen.

»Die Amis, die faschistischen, die unterwandern unsere Kinder mit ihrem modernen Zeugs. Winnetou von mir aus, aber Bonanza-Radl nein. Aus, Äpfel, Amen.«

Mit Diskutieren war da nicht mehr so viel drin. Aber diesmal habe ich mich nicht kleinkriegen lassen, diesmal nicht, es ging um meinen Helden. Ich trat in den Schrei-Streik, stellte mich hin und brüllte mir die Seele aus dem Leib. Ich brüllte so lange, bis ich das Bonanza-Rad gekriegt habe. Ich hatte meinen ersten Sieg errungen: das ersehnte Gefährt. Zum ersten Mal schämten sich meine Eltern für mich – und nicht umgekehrt.

Und das Rad brachte mich meinem Idol näher. Wie gesagt, es war kein Fahrrad, sondern ein Pferd, und nicht irgendein Pferd, mein Fahrrad war Iltschi, Winnetous Pferd. Mein Fahrrad hat nicht so getan, als ob es Iltschi wäre, es war Iltschi.

Das Bonanza-Rad ist aber auch das einzige perfekt Iltschi-kompatible Fahrrad. Mit einem Mountainbike kann man unmöglich Indianer spielen. Das geht gar nicht.

Ein Pferd mit Sportsattel und 24 Gängen, das sieht doch scheiße aus. Und wo soll auf einem Mountainbike Winnetous Schwester Nscho-tschi sitzen? Hinten? Das sind Schmerzen. Nein, ein echtes Indianerpferd – so geht's schon mal los – hat drei Gänge. Nicht weniger und nicht mehr: Trab, Galopp und Super-Galopp. Wie mein Fahrrad.

Muss ich noch erwähnen, dass es sich um ein originales Bonanza-Rad handelte? US-Import, kein *fake*! Mit dem hohen Lenker, der den Vergleich mit dem Indianer-Zügel nicht zu scheuen brauchte. Schaltknüppel auf der Stange, mit Leerlauf. Und natürlich der Bananensattel! Der lang gezogene, schwarze Sattel. Hinten hochgebogen. Mit Metallverlängerung. Der Transport einer Squaw stellte überhaupt kein Problem dar. Da konnten die Mädels zehnmal noch nicht in der Pubertät sein, an meinen Rücken geschmiegt über die Prärie zu brausen, fanden sie alle geil. Auch wenn es ihnen natürlich mehr um Iltschi ging als um mich, ich besaß als Einziger ein Bonanza-Rad, und deswegen war nur ich der Winnetou. Old Shatterhand ritt auf einem Kettler-Alurad, Harald Meyer und sein treues Ross Hatatitla Dixi! Nur der Vollständigkeit halber sei noch erwähnt, dass all jene, die null Fehler in der Verkehrsprüfung und den blau-weißen Ehrenwimpel an ihren Gepäckträgern baumeln hatten, die Kavallerie bilden mussten – der dümmste Job bei Winnetou.

Ach, was haben wir schön Indianer und Cowboy gespielt, Kriegsbeil und Friedenspfeife, mehr war da nicht; keine störenden Erziehungsberechtigten, die uns in ein Hinterzimmer abkommandierten, um auftretende Konflikte auszudiskutieren. Wir lösten Streitigkeiten nach

Westernart: erst mal Kloppen und dann ein Pfeifchen, da lernte man etwas fürs Leben. Rauchen zum Beispiel habe ich so gelernt, übrigens zur Freude meiner Eltern. Der dicke Erwin Moser hatte seinem Opa dessen Weltkriegspfeife gemopst, in diese stopften wir Erde und getrockneten Löwenzahn, und dann wurde über Frieden palavert. Das war gelebter Pazifismus. Wir saßen im Kreis, und Feuerwasser und die Pfeife machten die Runde. Nach fünf Minuten ging es uns so schlecht, dass an Krieg nicht mehr zu denken war.

Den Ton aber gab ich an. Zum ersten und einzigen Mal in meinem Leben war ich der Anführer. Ich habe das Faschingskostüm gar nicht mehr ausgezogen, das ganze Jahr über lebte ich als der berühmteste aller Indianer. Immer – beim Schlittschuhlaufen, im Schwimmbad, auf dem Fußballplatz. Der Held wurde zu meinem zweiten Ich. In jeder Lebenslage war ich Winnetou. Selbst wenn mich die Renate zum Bäcker geschickt hat, schickte sie nicht den kleinen Jungen, sondern den Häuptling der Apachen.

Geschmeidig schlüpfte ich in meine Mokassins, lautlos verließ ich das Haus und pirschte bäuchlings durch den Vorgarten. Vorsichtig spähte ich zu von Gintens hinüber. Die Nachbarn, nichts anderes als weiße, unwissende Siedler, sie hatten nicht den Hauch einer Chance, mich zu entdecken. Da, am Gartentor, wartete mein Pferd. Es stand ganz still, hätte mich nie verraten, denn wir waren ein Team. Im Schutz der Hecke schob ich Iltschi zur nächsten Straßenkreuzung, erst dann hatte ich freie Bahn. Noch etwas ungelenk stieg ich auf, mit dem rechten Bein vorne über die Stange, hinten wäre ich nicht über den metallenen Bügel gekommen, aber dann gab es kein Halten mehr. Wie der Wind fegte ich durch die Häuserschluchten, Trab, Galopp, Super-Galopp, schließlich ging es um Brot, um das Überleben meiner Familie. Ich weiß noch genau, dass ich einen Frosch platt fuhr, doch wer das große Ziel vor Augen hatte, musste kleinere Opfer in Kauf nehmen. Mein Ross kannte den Weg.

»Brr, brr, ruhig, mein Schwarzes, ruhig.«

Beim Bäcker angekommen, band ich Iltschi an ein Verkehrsschild, und zwar nicht minder lässig, als es Pierre Briece vor dem Saloon tat. Das sah, wie ich eingestehen muss, mit dem Zahlenschloss nicht immer cool aus, aber egal. Ich betrat die Backstube und reihte mich in die Schlange der Kunden ein. Ein Indianer muss warten können, und ich konnte warten. Tagelang hätte ich ausharren können, nur aufmerksam, wie ein Falko, bis der richtige Zeitpunkt gekommen war, bis der Bäcker hinter dem Verkaufstresen sagte:

»Ja, grüß dich, mein Kleiner. Magst du eine Brezel?«

»Wann wird der weiße Mann endlich verstehn, dass wir seine Geschenke nicht nötig haben?«

Mit meinem Stolz hatte er nicht gerechnet.

»Haben sie dir ins Hirn g'schissen?«

»Der weiße Bruder möge seinen Zorn mäßigen. Ich komme in Frieden und spreche nie mit gespaltener Zunge.«

»Ich spalte dir wirklich gleich was, Früchtchen, und wenn du dann nicht mehr reden kannst, ist mir das auch wurscht.«

»Brot, edler Freund, es handelt sich um Brot.«

»Auch noch frech werden? Also was ist jetzt?«

Ich gab nach.

»Pumpernickel. Und sechs Semmeln. Vollkorn. Bitte.«

»Siehst', es geht doch.«

Allein, als Sieger konnte nur einer das Feld verlassen.

»In der Zeit, die ihr Bleichgesichter drei Monde nennt, werden sich unsere Wege wieder kreuzen. Ich habe gesprochen. Hugh.«

  »Ja, Hau, Hau«, er zeigte mir einen Vogel, »hau ab jetzt!« Da war das Kriegsbeil ausgegraben. Ich habe dem weißen Mann noch eine Mehlstaub-Allergie gewünscht und bin fortan mit Iltschi zu einem anderen Bäcker gefahren.

Erwins Mutter hatte einen One-Night-Stand. Natürlich interessierte uns das brennend. Wir waren noch Kinder und vermuteten so einiges. Aber die Schlafzimmer der Erwachsenen waren verbotenes Land, man musste sich ganz auf seine Ohren verlassen.

Ausgerechnet mit Bredersens Karl von der Gemeinde. Die beiden Oberschimpfer der Straße.

»Ruhe!« »Schluss jetzt!« »Essen!« »Verschwindet!«

Sie redeten ohne Punkt und Komma. Nur mit Ausrufezeichen. Eigentlich war es unvorstellbar, aber Erwin hatte gute Ohren. Er schwor Stein und Bein darauf, dass es ein One-Night-Stand gewesen sei, und er hatte Recht.

Bredersens Karl wurde am nächsten Morgen überfahren.

Klippschliefer
und Meuchelpuffer

Manchmal habe ich so Phasen. Da denke ich über Couchgarnituren nach oder sage so Sachen wie: »Ach, 'ne neue Espressomaschine wäre auch nicht schlecht. Oder ein Soda-Streamer. Dann bräuchte ich keine Sprudelkisten mehr zu schleppen.«

Im selben Moment denke ich aber: Mann, wie spießig. Und weil ich das nicht sein will, kaufe ich keinen Soda-Streamer, sondern denke mir, dass ich mal mehr über mich nachdenken sollte. Und mit meiner Vergangenheit sollte ich ins Reine kommen, denke ich. Und mich von Gewalttaten in der Jugend distanzieren. Du solltest besser mal was machen, denke ich, was Politisches. Ich mache dann aber lieber was anderes.

Tierfilme gucken zum Beispiel. Am besten alte, in denen zehn Minuten lang ein Hase ungeschnitten durchs Bild hoppelt. Und der Sprecher sagt: »Ein Hase.«

Und fünf Minuten später: »Er hoppelt.«

Mein Lieblingstier ist der Klippschliefer. In Filmen über den Klippschliefer sagen die Sprecher meistens gar nichts, weil es kaum etwas zu sagen gibt. Klippschliefer leben in der Wüste und liegen auf Steinen rum. Sonst tun sie eher nichts. Man geht aber davon aus, dass es sehr alberne Tiere sind, weil sie so lustig rumliegen. Sie sonnen sich rücklings auf einem Stein, halten ihre Pfoten tuntig an den Kopf und schnarchen provozierend. Mehr ist nicht. Oder man weiß es nicht.

Der alte Brehm weiß noch nicht mal, ob der Klippschliefer »zur Gattung der Elefantentiere oder zu den Paarhufern« gehört. Das finde wiederum ich komisch, weil der Klippschliefer ungefähr so groß ist wie ein Hamster und auch so aussieht. Am besten aber gefällt mir das Wort. Ich habe eine Schwäche für schöne Wörter, und »Klippschliefer« ist so ein Wort. Oder auch »Meuchelpuffer«. Letzteres mag ich fast noch lieber, obwohl es faschistischen Ursprungs ist. Dafür schäme ich mich.

Man kennt doch diese immer wiederkehrenden Bestrebungen, die bösen Anglizismen aus der deutschen Sprache zu tilgen. Das gab's früher schon, und die Sprachschergen der Nazis schlugen unter anderem vor, das angelsächsische Wort »Revolver« durch das germanische »Meuchelpuffer« zu ersetzen. Es war nicht alles schlecht unter Hitler, denke ich. Dafür schäme ich mich besonders. Trotzdem liebe ich das Wort. »Meuchelpuffer« ist niedlich, fast schon zart, aber auch angemessen brutal, wie es sich für eine Waffe gehört.

Ich weiß noch, wie wir uns als Kinder immer endlos darüber stritten, welche Pistolen nun besser wären, die mit der teuren Munition, acht Patronen im Plastikring, oder die billigeren, mit hundert Schuss auf dem zur Schnecke gewickelten Papierband. Erstere waren richtig laut, sie hatten eine echte Trommel und einen Hahn zum Spannen, aber eben auch den Nachteil, dass man oft nachladen musste. Das war das Plus der billigeren Waffe: Hundertmal schießen ist für Kinder eine Ewigkeit. Darüber hinaus ließ sich die Papiermunition zur Not auch ohne Pistole abfeuern, indem man einfach mit einem Stein daraufschlug. Dann machte es »piff« und wieder »piff« – »Meuchelpiffer« wäre eigentlich das korrekte Wort.

Ich erinnere mich daran, wie wir im Fasching mal einen Supermarkt überfallen haben. Schwer bewaffnet stürmten wir das Geschäft und verlangten die Tageseinnahmen sowie Schokolade. Jahre vor Tarantino sagte Erwin Moser mit eiskalter Miene: »Können Sie auf neun Millimeter herausgeben?«

Die Kassiererin machte sich fast in die Hose vor Lachen, was ein Fehler war, denn während Erwin und ich sie ablenkten, räumte Harald Meyer das Süßigkeitenregal leer.

Von dieser Gewalttat müsstest du dich endlich mal distanzieren, denke ich, obwohl ich auch ein bisschen stolz bin. Früher warst du wild, du Spießer! Vielleicht sollte ich wieder mal einen Supermarkt überfallen? Am besten den um die Ecke, den sie umgebaut haben, der hätte es nicht besser verdient. Bis letztes Jahr war es einfach peinlich, jemandem mit dem Einkaufswagen in die Hacken zu fahren, jetzt gehört es zum Programm, so eng sind die Gassen. Und man findet nichts. Nach neuesten Feng-Shui-Methoden umgestaltet, stehen die Tütensuppen beim Klopapier und das Haarspray bei den Erbsendosen. Der neue Supermarkt ist schuld, dass ich mir nun doch einen Soda-Streamer kaufen muss, weil ich die Sprudelkisten gar nicht mehr finde. Trutzburggleich thronen sie in der Mitte des Ladenlabyrinths und es dauert Stunden, bis man rankommt. Wahrscheinlich würde ich bei meinem Überfall

nichts erbeuten, sondern die Verkäuferinnen mit vorge-
haltenem Meuchelpuffer zwingen, alles wieder umzu-
räumen.

Natürlich tue ich nichts dergleichen, sondern denke,
dass früher einfach alles besser war. Und dann denke ich,
dass ich eigentlich gerne ein Klippschliefer wäre. Ich
würde rumliegen und mir überlegen, ob ich mal ein Ele-
fant oder ein Pferd werden will, wenn ich groß bin.

Ach, 'ne neue Espressomaschine wäre auch nicht
schlecht.

Der Kindergeburtstag

Eine der fieseren Foltern, die das Leben bereitstellt, ist der Geburtstag, speziell der Kindergeburtstag. Kinder, jene Geschöpfe, die sich noch nicht wehren können, müssen feiern. Kinder können nichts dafür, dass sie älter werden. Trotzdem: Einmal im Jahr haben sie anzutreten – zum Kindergeburtstag. Wer hat das eigentlich erfunden? Den Kindergeburtstag?

Wer? Der Bundesverband gallenkranker Kindergärtnerinnen? Unsere Eltern? Also meine nicht. Die Großeltern? Die hatten so was ja nicht. Keinen Kindergeburtstag! Die Bärenmarken-Oma erzählte oft:

»Damals, in den schweren Jahren, war des unmöglich. Aber unsere Kinder und Enkel soll'n es einmal besser haben.« BESSER! Wenn die Hölle so ist wie ein Kindergeburtstag, dann Gnade uns Gott! Früher gab es einfach keine Kindergeburtstage – da wurden die Kleinen mit fünf ins Bergwerk geschickt oder mussten sich körperlich ertüchtigen. Heute gibt es den Kindergeburtstag.

Mozart zum Beispiel hatte nie Geburtstag, also er hatte natürlich schon Geburtstag, aber er musste nicht feiern. Mozart hat mit vier Jahren Symphonien komponiert und nicht Stille Post gespielt. Unvorstellbar, dass Kant Kindergeburtstage gefeiert hat. Der kategorische Imperativ kennt kein Sackhüpfen.

Grotesk auch die Idee, dass Hitler Blindekuh gespielt haben soll. Welch Witz, der Führer tappt im Dunkeln und tastet Klassenkameraden ab. Blindekuh – Petting für Arme!

Wobei, es ist biografisch verbürgt, dass Hitler zu seinem fünften Geburtstag einen Malkasten geschenkt bekam. Wasserfarben. Aber Kindergeburtstag hat er nicht gefeiert.

Dabei wär das eine prima neue Faschismustheorie: Klara Pölzl, des Führers liebende Mama, lädt die Freunde des kleinen Adolf zum Kindergeburtstag ein – ins Haus nach Hafeld bei Linz. Der junge Hitler und seine kindlichen Gefährten stopfen sich in trauter Runde mit *Negerküssen* voll und spielen dann *bis zur Vergasung* die *Reise nach Jerusalem*. Würde einiges erklären. Stimmt aber leider nicht.

Obwohl meine Eltern äußerst *pc* waren, für mich haben sie noch so geheißen: Negerküsse und Mohrenköpfe.

Und heute, liebe Freunde, suchen wir ein politisch korrektes Wort für Mohrenkopf. Mohrenkopf? Farbigenhaupt!

Ich finde, Schokokuss geht an der Sache vorbei.

An dieser Stelle muss ich einmal kurz innehalten. Der Eberhard und die Renate haben meinen Geburtstag regelmäßig vergessen. Und dafür bin ich ihnen dankbar. Natürlich, als Kind war das schon hart für mich, aber mit ein paar Tagen Verspätung gab's dann die Geschenke, und die Sache war gegessen. Und Party fand keine statt. NIE. Ich weiß, dass ich mit meinen Eltern hart ins Gericht gehe, aber was das jährliche Jubiläum meiner Geburt angeht, muss ich sie ausdrücklich loben. Was heißt loben? Diesbezüglich stelle ich sie über alle Erzeuger der Welt. Und es ist nicht so, dass ich keine Geburtstagspartys gekannt hätte. Ich war eingeladen, jedes Jahr, bei Harald Meyer und Erwin Moser, ein- oder zweimal sogar bei Katja Berger. Bei Astrid von Ginten wurden immer irgendwelche Spiele gemacht, und der Gewinner durfte sie küssen. Es hat sich keiner so wirklich angestrengt.

Zurück zur Frage: Wo kommt er her, der Kindergeburtstag. Kinder denken sich so was doch nicht aus. Es sind die Eltern – allein warum?

Was treibt Eltern dazu, Kindergeburtstage auszurichten? Warum zwingen Eltern ihre Kinder dazu, ins Mehl zu pusten oder nach Wienerle zu schnappen? Vor laufender Videokamera. Sind sie pädophil? Das wird kein Porno, das wird ein Horrorfilm!

Ich glaube, Eltern wollen sich einmal im Jahr an Kindern rächen, und zwar an möglichst vielen. Eltern denken sich:

»Kinder? Na gut – und jetzt verarschen wir die mal nach Strich und Faden!«

Andererseits: Eltern wollen doch nur das Beste für ihr Kind. Das ist es!

Der Kindergeburtstag ist ein Training, auf dass der Spross der Beste werde. Sich durchsetzen lernt im Leben. Der Kindergeburtstag als spielerischer Ernstfall – ein sportlicher Wettstreit. Übergewichtige Stammhalter treten gegeneinander an! Der Kindergeburtstag: Eine Horde kleiner Menschen kämpft ums nackte Überleben. Ein Schiedsrichtergespann, bestehend aus Mama und Papa, lädt ein Dutzend Konkurrenten ein, die dann in die Arena geschickt werden. Frei nach dem Motto »Es kann nur einen geben«, und wenn überhaupt, ist das immer das eigene Kind. Die Feier als Drill, als pädagogischer Iron-Man, das ist kein Spaß, das ist der Kindergeburtstags-Dreikampf:

Sind die Kontrahenten vollzählig, beginnt der Wettbewerb harmlos mit einer Kinderlied-Rundumbeschallung, um zu suggerieren, dass sich alle ganz lieb haben. Und das Ganze natürlich in ohrenbetäubender Lautstärke, damit die kleinen Monster das Gehörte überhaupt als Musik identifizieren können. Das Aufwärmtraining besteht darin, dass man so lange Wiener Würstchen, Cola, Kuchen und Kakao zu sich nehmen muss, bis man nicht mehr weglaufen kann. Dann stoppt die Musik, weil spätestens jetzt eines der zahnbespangten Bälger ausreichend Sahne in die Stereoanlage gestopft hat. Die Rache der Eltern folgt auf dem Fuß, die erste Disziplin, das Schokoladen-Wettfressen unter erschwerten Bedingungen.

Es wird gewürfelt, und derjenige, der eine Sechs hat, muss sich – auch im Sommer – einen Wintermantel anziehen, Mütze, Schal und Handschuhe, und dann gilt es, mit Messer und Gabel ein Nougatmonster von einer Schokolade zu essen. Als sei es das Normalste von der Welt: Pappsatte Menschen müssen bei 35 Grad im Schatten in Winterklamotten Schokolade essen – mit Besteck! Man muss eben auf die Anforderungen der Gesellschaft vorbereitet werden. Und das Spiel ist erst aus, wenn die acht Kilogramm Schokolade vertilgt sind. Das dauert oft Stunden, weil immer, wenn man sich angekleidet hat und gerade zu essen beginnen will, ein anderer 'ne Sechs hat.

»Sex, Sex, ausziehen, ausziehen!«, brüllt dann die Horde, und schon geht's wieder von vorne los. Da lernt man fürs Leben – Ballermann-Vorbereitungstraining!

Das Spiel endet in der Regel damit, dass sich mehrere Mitspieler übergeben müssen und der Sohn des Hauses einem Mitspieler mit der Gabel ein Auge aussticht. Die Eltern sagen dann liebevoll:

»Ein Indianer kennt keinen Schmerz.«

Und: »Messer, Gabel, Schere, Licht sind für kleine Kinder nicht.«

Also wird das Licht gelöscht und bei der Wahl der Waffen auf den Löffel zurückgegriffen. Topfschlagen – die zweite Disziplin. Junge Menschen, die eben erst aufrecht zu gehen gelernt haben, müssen mit verbundenen Augen auf allen Vieren durch Doppelhaushälften kriechen und mit einem Löffel alles kurz und klein schlagen, in der Hoffnung, es könnte ein Topf sein, unter dem sich als Belohnung wiederum ein halber Zentner Schokolade befindet. Und dann robben die Kinder los, schlagen sich ihre Köpfe am Mobiliar blutig, »Kopfschlagen«, sie verenden elend im Treppenhaus, und aus dem Wohnzimmer hallen die Rufe der elterlichen Folterknechte: »heiß, kalt, heiß …«

Sollte es noch Überlebende geben, beginnt die dritte und letzte Disziplin, eben jenes Spiel, das man in Deutschland schon immer gern gespielt hat. Und das, nebenbei bemerkt, bei von Gintens zu seiner absoluten Vollendung fand. O ja, die Reise nach Jerusalem war Klassiker und Höhepunkt auf Astrids Geburtstagsfeten. Zur Musik ging es im Stechschritt um die Stühle herum, die Musik stoppte, alle setzten sich hin, und einer war der Arsch. Meistens ich. Der Trostpreis: eine Schubkarrenladung Schokolade. Und weiter ging es, immer rundherum, und immer war ein Stuhl zu wenig. Der adelige Papa stand unbarmherzig an seinem Dual-Plattenspieler, der DJ als Diktator, und es wurde so lange gespielt und gestoppt und gespielt und gestoppt, bis nur noch Astrid von Ginten auf dem einzig verbliebenen Gardena-Gartenstuhl thronte.

Aber geküsst hat sie niemand.

Kleine Philosophie
vom Fahrrad

Heute frage ich mich manchmal, ob es nicht eine unzulässige Verquickung der Mythen war, mit dem Bonanza-Rad Winnetou zu spielen. Eine typische Pseudo-Erwachsenen-Frage, sie hat sich früher einfach nicht gestellt. Das Rad gab die Antwort: Mein Fahrrad hat sich schlicht und ergreifend geweigert, mit einem fetten Cartwright drauf über die Ponderosa zu gurken. So einfach war das.

Das Rad gab den Ton an, und meine Eltern wussten das sehr wohl. Es war bestimmt kein Zufall, dass die Renate und der Eberhard all ihre Ängste und ihr Sicherheitsbedürfnis auf mein Fahrrad projizierten. Das Helmi-Über-Ich! Ich durfte zum Beispiel erst dann auch in das Gebiet jenseits der großen Straße, als der Abstandhalter korrekt anmontiert war. Der *Abstandhalter*, jene ausklappbare, orangefarbene Polizeikelle, war ja der Garant für Sicherheit im Straßenverkehr. Und weil der Feind immer auch rechts stand, hatte ich auf beiden Seiten so ein Ding. Da konnte praktisch gar nichts mehr passieren, und meine Eltern waren zufrieden.

Es ist schon komisch, immer wenn ich übers Radfahren nachdenke, komme ich regelrecht ins Philosophieren. Weil es so etwas Grundlegendes ist, das Fahrrad. Die Chinesen, nur um ein Beispiel zu bringen, die Chinesen *lieben* das Rad. Und die haben auch mit weitem Abstand die allermeisten Fahrräder auf der ganzen Welt. Ich habe das einmal ausgerechnet: Wenn alle Chinesen gleichzeitig mit ihren Fahrradklingeln klingelten, dann würde durch die so entstehende Schallwelle die Erde aus ihrer Umlaufbahn geworfen.

Ganz im Ernst, das Fahrrad gehört zu den wichtigsten Dingen überhaupt. Ein Fahrrad sagt alles – zumindest über seinen Besitzer. Das ist so. Das ist ein Elementarsatz des Lebens:

»Zeige mir dein Fahrrad, und ich sage dir, wer du bist.«

Ich meine, jeder muss selber wissen, was für ein Rad er sich kauft oder klaut. Klar ist nur: Man trifft eine Entscheidung. Und zwar für die Ewigkeit.

Viele wissen es ja nicht, aber das allererste Fahrrad bestimmt das ganze Leben, und das oft fundamentaler als der Ödipuskomplex. Mal angenommen ein Vater schenkt seinem fünfjährigen Sohnemann ein Fahrrad, sagen wir 26 Zoll, der Bub setzt sich drauf und –? Er kommt mit den Füßen nicht an die Pedale. Aus, vorbei. Da bringt das Kind den Vater um und heiratet die Mutter (vorausgesetzt natürlich, sie besorgt ihm ein gescheites Fahrrad).

Philosophisch diffizil ist freilich, dass es keine wirklich festen Regeln für das perfekte Rad gibt. Die Menschen sind so verschieden wie die Fahrradtypen und -marken. Es gibt Kettler-Menschen, Hexe-Typen, Peugeot, Quelle. Kann natürlich bitter sein für ein Kind, wenn es ein No-Name-Fahrrad kriegt. Aber wenn's halt passt, wenn das

Kind nun mal ein gesichtsloser Niemand werden soll? Das Rad hat immer recht. Aber weiß man's vorher?

Existenzieller Fixpunkt ist allein, dass das Fahrrad determiniert, aber einige Axiome dürfen als gesichert gelten: Wenn man in der Kindheit ein Bonanza-Rad hat, wird man höchstwahrscheinlich ein guter Mensch. Wer als Kind dagegen ein Hollandrad sein eigen nennt, kauft sich später einen Wohnwagen und blockiert die Autobahn. Und ein Junge, der zu lange auf einem Damenrad mit Rücktrittbremse fährt, wird schwul. Da gibt es nichts dran zu deuteln. Ist man erst mal erwachsen, ist es zu spät. Wie sagt der Philosoph?

»An ihren Fahrrädern sollt ihr sie erkennen.«

Man muss sich nur die Super-Helmis anschauen, die Typen mit dem ewig verkehrssicheren Fahrrad. Mit Außenspiegeln! Da weiß man doch Bescheid. Diese Flickzeug-Fetischisten, die hingen nicht an der Nabelschnur, sondern an einem Ersatzschlauch und wurden mit der Fahrradflasche gestillt. Das sind Bastler, Heimwerker-Kreaturen – die radeln nicht, die schrauben nur rum an ihren Göppeln:

»Jippie, ich hab' einen Platten!«

Oder: Was bitte soll man von Leuten halten, die heute noch ein Klapprad fahren? Ein Klapprad ist so praktisch, radeln kann man halt nicht damit. Wobei, um damit eine umhäkelte Klorolle vom Zelt zum Campingplatzklo zu transportieren – dafür reicht's. Und wie steht's mit den Liegeradlern? Ökologisch korrekt brausen sie durch die Innenstadt auf ihren tiefer gelegten Vehikeln, nur wenn sie in einen Stau kommen, fallen sie einfach um.

»Zeige mir dein Fahrrad, und ich ich sage dir, wer du bist.« Man nehme die Rennrad-Radler, die Fitness-Fans, die Joschka-Scharping-Ullrich-Typen. Von APO zu EPO, jeden Tag eine kleine Tour de France und, in Frankreich siegen, ist am schönsten siegen. (Natürlich in grellbunten, wurstpellesken Uniformen.) Die Rennradler, das sind bucklige, komplett aerodynamische Menschen. Die sieht man oft gar nicht, so aerodynamisch sind die. Am Feierabend springen sie aufs Bike, und am nächsten Morgen kommen sie breitbeinig und mit geschwollenen Eiern ins Büro.

Im Vertrauen: Am allerschlimmsten sind die Trimmradler, die Rad-Kastraten, Menschen, die in Kellern auf Hometrainern Fahrrad fahren. Die Hölle.

Und die Hölle sieht aus wie ein deutscher Hobbyraum – mit Hometrainer. Und auf dem muss man dann radeln in alle Ewigkeit, am Horizont nichts als Nut- und Federbretter. Und man kommt nie vom Fleck!

Seinen kategorischen Radl-Imperativ soll jeder selber finden, doch dies zuletzt. Zweierlei gilt für alle Menschen, gleich welcher Hautfarbe, welchen Geschlechts, egal ob jung oder alt, ob reich, ob arm, ob schön, ob hässlich:

Es gibt nichts Demütigenderes als Stützräder, und ein Fahrradhelm macht aus jedem einen Idioten.

Irgendwie ist der Gegenwart das Trampen abhandengekommen. Leergefegt die Parkplätze und am Straßenrand warten keine Geschichten mehr. Sind alle zu reich geworden, zu feige oder einfach erwachsen?

Für mich gehört Trampen in eine Zeit, in der man es noch gar nicht so nannte, sondern »per Anhalter fahren«. Sonst hätte ich es eh nicht verstanden, weil meine Pubertät unschuldig und ohne Englischkenntnisse begann. Musik war nichts als Musik und der Text Fantasie:

»Leik a wörtschin, tatscht for se weri först teim.«

Natürlich schauten wir in die Übersetzungsrubrik der Bravo:

»Wie 'ne Jungfrau.« Oder: »Ich bin ein materielles Mädchen.«

Was auch immer das heißen mochte, egal: Sparschwein geschlachtet, Daumen raus und einfach los. Sollte ich mal wieder machen. Heute kann ich Englisch, und die Liebe wartet irgendwo da draußen.

»Irgendwo kommt man immer an«, singen die Waco Brothers.

»And at the end of the road is a dancehall.«

Friede, Freude, Eiersuchen

Was ich total furchtbar fand als Kind, waren Wochenenden und Ferien.

Der Eberhard und die Renate blieben ewig im Bett. Ich wollte frühstücken, und die haben erst mal rumgemacht. Anders formuliert: Weil Zeit war, erinnerten sich meine Eltern an den eigentlichen Sinn ihres Zusammenlebens und liebten sich wie die Fischotter. Da hätte ich, selbst wenn der Willen vorhanden gewesen wäre, keine Chance gehabt, weiterzuschlafen. Pink Floyd konzeptrockte in ohrenbetäubender Lautstärke, die Renate hat geschrien wie am Spieß, der Eberhard gebrüllt wie ein Stier, und mir knurrte der Magen.

Irgendwann kamen sie dann doch aus ihrem Schlafzimmer heraus, und wenn sie das Bettlaken mitbrachten, wusste ich: Das wird heute wieder ein Scheißtag. Denn Bettlaken bedeutete Wandern, und Wandern habe ich gehasst.

Wie alle Kinder. Ab dem Moment, an dem man an Spazierengehen, Bergsteigen und anderen Freizeitgestaltungen auf Schusters Rappen Gefallen findet, ist man kein Kind mehr, sondern hat welche. Wie alle Kinder konnte aber auch ich mir meine Eltern nicht aussuchen, und in meinem Fall war das besonders schlimm. Wir nämlich wanderten nicht im engen Familienkreis. Sämtliche Freunde und Bekannten meiner Eltern waren mit von der Partie; ein regelrechter Wandertag machte sich da auf den Weg. In die Stadt. Wir sind ja nie aufs Land gefahren, immer in die Stadt. Der alte Mercedes wurde weit außerhalb geparkt, und dann sind wir losgelaufen, in Richtung Stadtmitte. Ich hielt das für ein mehr als albernes Unterfangen, man hätte durchaus die U-Bahn nehmen können, eine Gruppenermäßigung wäre locker drin gewesen. Aber nein: zu Fuß. Stundenlang. Es wurden sogar extra Straßen abgesperrt, damit man besser *wandern* konnte. Komme, was wolle.

Es gibt kein falsches Wetter, nur falsche Ausrüstung, aber anstatt fester Kleidung und einer anständigen Brotzeit haben alle ihre Bettlaken mitgenommen. Ich dachte mir nur: Was für ein perverser Verein. Dabei wollte gar niemand in der Stadt übernachten. Alle haben ihre befleckten Laken zwischen zwei Stangen geknotet und die dann spazieren getragen. Es handelte sich um eine Art St.-Martins-Umzug für Erwachsene. »Ich geh' mit meinem Bettlaken, ra bimmel ra bammel ra bumm!« Da verliert man als Kind den Glauben an den mündigen Menschen. Ich schämte mich zu Tode, wenn mich ein Schulkamerad gesehen hätte, wäre ich die Rolle als Klassendepp nie mehr losgeworden.

Als ob das nicht schon genug der Peinlichkeiten wären, hatten alle ihre Bettlaken auch noch beschriftet. Auf dem besudelten Laken meiner Eltern stand:

»Petting statt Pershing!«

O Mann! *Petting* kannte ich, das hatte es ja eben erst gegeben, in der Früh, live daheim. Angesichts dessen musste *Pershing* etwas Grauenvolles sein. So lief sie ab, meine politische Grunderziehung: Bettlaken einsauen, beschriften und dann stundenlang in der Öffentlichkeit demonstrativ hochhalten.

Für den Frieden. In solchen Momenten habe ich mich nach *Pershing* gesehnt.

Ich habe nie kapiert, warum ausgerechnet meine Eltern für die Atomkraftwerke und den Weltfrieden zuständig waren – und das jedes Wochenende. Und an den Feiertagen. An Pfingsten. AN OSTERN! Da unternahmen wir dann mehrtägige Ausflüge. Mal nach Brokdorf, mal nach Bonn, klassische Urlaubsziele eben. Meine Mutter und ihr Osterferien-Schlachtruf:

»Auf geht's, Bua. Wir fahr'n nach Gorleben zum Zelten!«

Toll! Mein jährlicher Abenteuerurlaub, Spazierengehen im trauten Kreis von 10 000 Leuten, die alle so aussahen wie der Eberhard und die Renate – da wurde dir mulmig. Friedlich ist anders!

Schon das Event klang so friedlich: Der Ostermarsch, mit Betonung auf Marsch. Eine brüllende, wilde Horde kriegsmüder Hippies marschierte flankiert von bis an die Zähne bewaffneten, friedensbereiten Ordnungshütern. Als Kind wusste ich nicht, vor wem ich mehr Angst haben sollte. Na denn, Frohe Ostern, und nichts war's mit Eiersuchen – Eierwerfen stand auf dem Programm. Am österlichen Brauchtum bin ich komplett vorbeierzogen worden.

Die Krönung des Ganzen war jedoch das Motto der Veranstaltung: »Frieden schaffen ohne Waffen!« Jedes Kind wusste, dass das Unsinn war. Der Gegner erschien bestens ausgerüstet in der Arena. Die Polizisten rückten an mit Tränengas und Wasserwerfern, und meine Eltern standen da mit Schmutzwäsche.

»Passt's bloß auf, ihr Bullenschweine, wir haben nämlich Bettlaken!«

Die Laken wurden als Erstes gewaschen. Dann wir. Ohne Vorwäsche, kein Schongang, gleich Schleudern. Ordnungshüter mit Persilschein, Clementine an der Flak – BLAMM! –, da weiß man, was man hat!

Und dann sind alle weggelaufen. Alle außer mir. Ich konnte nicht mehr, die Beine taten mir weh vom Wandern, ich war total durchnässt, halb verhungert, Rotz und Wasser habe ich geheult, teils wegen des Tränengases, teils, weil die Renate und der Eberhard einfach weg waren. So sah mein Osterfest aus. Jedes Jahr. Ich habe nicht eine Minute lang Eier gesucht, sondern zwei Tage meine Eltern.

Was hätte ich darum gegeben, nur ein Mal, ein einziges Mal, normal Ostern zu feiern. Wie Harald, Erwin oder Astrid. Offen gebe ich es zu, ich habe mich nach Spießigkeit gesehnt. Ich wollte so sein wie die anderen. Ich wollte Ferien haben, wie sie alle hatten. Ostern, jenes idyllische Fest der Familie, der friedvollen, harmonischen Zusammenkunft, an dem gesunde deutsche Kinder selig-suchend durch Einfamilienhäuser tapsen. Das wollte ich, und »Schmunzelhase!« rufen. Von strahlenden Erziehungsberechtigten wollte ich liebevoll den Weg gewiesen bekommen:

»Der Osterhase hat's dir gar nicht schwer gemacht, Mäuschen.« Ich wollte große Kulleraugen haben wie die anderen und trunken sein vom Erfolg, weil ich nach nur ganz kurzer Zeit das zweieinhalb Meter große marzipangefüllte Milka-Häschen gefunden hatte. »Schmunzelhase!«

Und Eltern wollte ich, die strahlend vor Glück waren ob dieser detektivischen Meisterleistung, weil es nämlich gar nicht so einfach gewesen war, den lila-leuchtenden Schoko-Koloss hinter dem durchsichtigen Wohnzimmervorhang zu entdecken.

Ich wollte Eltern, die daraufhin »der Kleine macht bestimmt mal Abitur« sagten und stolz die Polaroidkamera zückten, um Tausende von Bildern zu schießen, wie das gelungene Produkt ihrer Erziehung die kleinen Beißerchen durch die Aluhülle hindurch in die Schokolade schlägt. Und dann wollte ich mich glücklich und routiniert auf der erst kürzlich erworbenen Ikea-Couch übergeben. All das wollte ich. Stattdessen lag ich auf einer Demo im Schlamm.

Veteranen
Instandsetzung
Restaurierung

Dass sie ihm nach dem Oberschenkel-
steckschuss die Arme amputiert hatten,
gehörte für ihn zur Logik des Krieges. Der
alte Mann lachte dröhnend und die kräftige
Stimme passte so gar nicht zu seinem Hän-
dedruck. Wie auch, mit den Prothesen?,
dachte ich. Hitlergruß wäre einfacher.

»Erstklassige deutsche Wertarbeit«, donnerte er. Überstunden noch und nöcher habe
er damit gemacht, als Verkehrspolizist. Und
sein Haus wieder aufgebaut. Und Frau. Und
Kinder.

Holz arbeitet, dachte ich.

»Alles kann ich mit den Dingern«, sagte
er, »aber weißt du, was schlimm ist?«

Wetterfühligkeit? Phantomschmerz?

»Fußpflege«, antwortete er und senkte die
Stimme, »aber wozu ist man verheiratet?«

Im Krieg und in der Liebe ist alles erlaubt.

Novemberrevolution

Einmal im Jahr, im November, müssen deutsche Kinder Lichterketten *üben* und doofe Lieder singen: »Ich geh' mit meiner Laterne und meine Laterne mit mir.« Das ist in sich schlüssig. Friede, Freude, Händchenhalten – ra bimmel ra bammel ra bumm.

Das Schlimme an diesem Brauch ist aber dessen Ursprung, die Legende vom heiligen St. Martin. Was für ein Drecksack! Reitet stundenlang durch Nacht und Wind, bis er endlich ein armes Schwein findet, das er demütigen kann. Ich habe das schon als Kind nie verstanden. Was zum Teufel soll ein Bettler mit einem halben Mantel anfangen? So ein schöner Mantel, einfach kaputtgemacht. Dem Martin ist das ja wurscht, er hat Kohle ohne Ende, er geht am nächsten Tag zu H&M und kauft sich einen neuen Mantel. Da hätte er dem Bettler ruhig den alten geben können. Aber nein – erst kaputtmachen. Das ist so eine ganz miese, abgefuckte New-Economy-Arschlecken-Aktion: Schau her, Bettler, ich kann es mir leisten, die teure Dolce & Gabbana-Robe zu zerschneiden. Hier, kriegst einen Fetzen, darfst auch mal am Reichtum schnuppern!

Der Martin kann natürlich mit seiner Mantelhälfte nichts mehr anfangen, aber er gibt sie dem Bettler nicht, dann könnte der ja das Nähen anfangen und am Ende so aussehen wie er. Nein, ab mit der Mantelhälfte in den Altkleidercontainer, um noch einen zweiten Armen zu ärgern, der die Mantelhälfte ein paar Wochen später da rauszieht und sich denkt: wieder so eine neureiche Saubratze!

Nebenbei ist nicht überliefert, wie Martin den Mantel geteilt hat. Wahrscheinlich war das ein ganz langer Mantel, und er hat ihn quer geteilt – und den oberen Teil behalten: Ich wollt eh lieber einen Anorak, ätschibätsch, den Saum darfst du haben, Bettler.

Das ist sogar sehr wahrscheinlich, weil so ein langer Mantel ziemlich stört, beim Reiten. Überhaupt Reiten: Was hat der Martin eigentlich draußen zu suchen? Das war 'n Scheißwetter damals. Der Martin ist nur raus, weil er wusste: Irgendwo werde ich schon einen Obdachlosen finden und dem koch ich's dann mal so richtig fett. Der wollte dem Bettler nicht helfen, dann hätte er ihn nämlich mitgenommen oder ihm 50 Euro gegeben oder so. Er hätte ihm zum Beispiel auch sein Ross schenken können, das hätte der Bettler am nächsten Tag vertickt und sich drei Gallonen Lambrusco dafür gekauft. Oder das Schwert hätte er ihm schenken können, damit der Kerl eine Bank überfallen kann – irgendwas Sinnvolles halt. Aber nein, ein halber Mantel.

Ich werde nie meine Kindergärtnerin vergessen, die, nachdem ich ihr meine kapitalismuskritischen Einwände gegen den Herrn Martin vorgetragen hatte, meinte: »Vielleicht hat der Bettler ja einen Schlaganfall gehabt. Bettler trinken ja viel und haben oft einen Schlaganfall, und mit so einer halbseitigen Lähmung ist so ein halber Mantel total praktisch.«

Die Kindergärtnerin sagte dann, es sei eben auch um die

Geste gegangen. Tolle Geste: Du erfrierst eh, Bettler. Was auch immer ich dir gäbe, du würdest es ja ohnehin nur in Drogen umsetzen, und so 'n halben Mantel kannst du wenigstens nicht versaufen.

Armut ist einfach eine schlimme Sache – für die Reichen. Der arme Martin, man kennt doch das Dilemma: Gebe ich was und halte so das Elend am Laufen? Oder gebe ich nichts, und der Bettler kommt heim zu seinem Vater und der verprügelt ihn. Der Martin musste halt einen Kompromiss finden, weil er doch ein Vorbild für die vielen kleinen Laternenkinder ist.

Ich wünschte mir, die Kinder würden das mal ernst nehmen. Und Revolution machen, eine zünftige Novemberrevolution: Tausende deutscher Kinder begehren auf im Handarbeitsunterricht: »Ihr Eurythmie-Blöd-Gebastel können Sie sich in den Arsch schieben, Frau Lehrerin. Wir scheißen auf Kerzen, wir wollen handeln!«

Und dann rennen die Kinder los, bis ein jedes einen Obdachlosen gefunden hat, und dann zerschneiden sie ihre teuren Klamotten. Und zu Hause sagen sie: »Aber wir haben's doch so gelernt im Kindergarten.«

Leider wird es dazu nicht kommen, weil deutsche Kinder zu blöd sind. Sie könnten das gar nicht, weil Mantelzerteilen nicht gelehrt wird an deutschen Kindergärten. Die Kinder wüssten beispielsweise nicht, dass man den Mantel vorher ausziehen muss, und dann lägen sie tot im Straßengraben. Nein, deutsche Kinder tun nur das, was sie vorher auch geübt haben. Lichterketten machen und blöde Lieder singen. Mehr braucht man ja auch nicht für später. Ra bimmel ra bammel ra bumm!

Das Dosenmilch-Trauma

Als ich ein kleiner Junge war und mit meinen Eltern in einer wie auch immer harmonischen Wohngemeinschaft leben musste, kam einmal die Woche meine Oma väterlicherseits zu Besuch. Genau genommen kam sie zum Kaffeetrinken und brachte lecker Kuchen, aber auch Unruhe und Zwietracht in die traute Familienidylle. Weil meine Oma nämlich den Dritte-Welt-Kaffee nicht runterbrachte, bestand sie, wie alle Großmütter väterlicherseits, auf Kaffee Hag, Dosenmilch und Würfelzucker. (Das war Wahnsinn! Im besten Fall hatten wir kapitalismuskritischen Kandis im Haus, Würfelzucker jedoch nie.)

Kaffee Hag war mir wurscht und der Zucker letztlich auch, aber Dosenmilch entwickelte sich zu *dem* Objekt meiner kindlichen Begierde. Nicht dass sie mir besonders geschmeckt hätte, nein, Milch in Dosen, das war für mich die Offenbarung schlechthin, die größte technische Errungenschaft der Neuzeit, haltbar, praktisch und formschön.

Meine Eltern dagegen hassten die eingedoste Dickmilch, und schon hatten wir Streit. Bereits damals biologisch-dynamisch orientiert, war Dosenmilch für meine Erzeuger die gemeinste Provokation der Natur. Sie haben nichts so gehasst wie Dosenmilch. Aus der Panik heraus, als aufgeklärter Pädagoge zu versagen, schrie mein Vater regelmäßig:

»Ein für alle Mal, mein Sohn: Die beste Verpackung für d'Milch ist die Kuah!«

Heulend brüllte ich zurück:

»Ökologischer Klugscheißer, was ist denn an so einer Kuh bitte praktisch? Eine Kuh in der Vorratskammer!«

Die Folge war, dass in mir ein veritables Dosenmilch-Trauma heranwuchs. Meine Oma hat das wohl gespürt, und um therapeutisch gegenzusteuern, wie es alle Großmütter väterlicherseits tun, sorgte sie dafür, dass ich, das Kind, die Dosenmilch für die Erwachsenen präparieren durfte. Da wurde mir Verantwortung übertragen, da konnte ich ein klein wenig zum Manne reifen. Ich bekam zum Öffnen der Dosenmilchdose einen Dosenmilchdosenpikser. Das war ein eigens für diese Tätigkeit konzipiertes Werkzeug: ein Holzgriff mit einem Stahlstachel dran, eine Waffe eigentlich. Und mit diesem Dosenmilchdosenpikser durfte ich dann auf die Dosenmilchdose einstechen. Ich konnte mich also zur Bewältigung meines Traumas selbstständig mit dem traumabehafteten Objekt beschäftigen.

Und das war kein einmaliger Akt, denn jede Dosenmilchdose benötigte zwei Löcher. Eines, durch das die Dosenmilch aus der Dose hinausgekippt werden konnte, und ein weiteres, durch welches Luft ins Doseninnere gelangte, damit es beim Dosenmilchgießvorgang nicht blubberte. Das sogenannte Blubberloch. Regelmäßig konnte ich mich also zweimal in Folge mit dem Dosenmilchdosenpikser in einer nachgerade ödipalen Geste selbst heilen.

Jeder Psychologe wird es bestätigen: Kaum ein Ding eignet sich als Projektionsfläche für Angstbesetztes in der Kindheit besser als die Dosenmilchdose.

Dass ich heute noch an einem Dosenmilch-Trauma leide, liegt an etwas anderem – an dem Bär. An dem Teddy. Am BÄRENMARKENBÄRCHEN. Auf jeder mich betreffenden Dosenmilchdose war ja ein Bärenmarkenbärchen drauf. Und ich war oft etwas unachtsam, in Vorfreude des kathartischen Effektes der Dosenmilchdosenpiksertherapie. Kurz nicht aufgepasst, etwas vorschnell den Vatermord imaginiert, und schon war's passiert. Die Dosenmilchdose stand verkehrt rum, und das Gieß- und das Blubberloch befanden sich nun im ursprünglichen Dosenmilchdosenboden, der jetzt durch den zweimaligen Gewaltakt unwiederbringlich zum Dosenmilchdosendeckel wurde.

Das heißt aber, dass der Teddy Kopf stand. Und das Blut schoss ihm in den kleinen Bärenkopf, es war scheußlich. Das Köpfchen schwoll an und an, es war furchtbar – und nicht wiedergutzumachen, weil: Richtete man das Bärenmarkenbärchen wieder auf, lief die Dosenmilch aus den eigens hierfür hineingestanzten Löchern aus der Dose. Ich habe versucht, Gieß- und Blubberloch mit Tesafilm abzudichten, aber man kriegt das nicht dicht. Da kennt die Dosenmilch keine Gnade, die quillt heraus. Und das ist mir verdammt oft passiert, ich war ein regelrechter Teddyquäler.

Und jeder Therapeut weiß, dass der Bär ein lustbesetztes Objekt für das Kind ist. Das Bärenmarkenbärchen im Besonderen. Und heute? Was soll ich sagen: Ich trinke meinen Kaffee schwarz.

Das Krippenspiel

Es liegt mir fern, eine Fundamentalkritik am bayerischen Schulwesen zu üben. Ich habe in den vier Jahren Volksschule prima Lesen gelernt, Schreiben, auch Rechnen. Und Heimat- und Sachkunde. Die *basics* eben, was ein Kind so braucht im Leben: Chiemsee, Tegernsee, Starnberger See, wie breit, wie tief (in Klammern: König Ludwig). Die bayerische Verfassung von 1806, Endmoränenlandschaft, Wittelsbacher. Des Weiteren: »Man kann über alles reden«, Nächstenliebe und »Wer zahlt, sagt an.« Aber natürlich auch: »Trenne nie s-t, denn es tut ihm weh!« Und: »Max hat drei Äpfel, Susi vier Birnen. Wie viel Obst haben sie dann gemeinsam?«

Eigentlich hätte aus mir ein voll funktionstüchtiges Mitglied der Gesellschaft werden können, ein ausreichend gebildeter Staatsbürger mit gesundem Menschenverstand und vernünftigen Ansichten. Dass daraus nichts wurde, liegt daran, dass die 70er-Jahre auch vor bayerischen Schulen keinen Halt machten. Ich glaube sogar sagen zu können, dass ich meinen Minimalbestand an Werten komplett über Bord warf, als auch noch in der Schule, meinem Refugium der Strenge und Ordnung, begonnen wurde, mit antiautoritären Erziehungsmethoden herumzuexperimentieren. Das Lernziel in der zweiten Klasse lautete unverfänglich: Das spielerische Erlernen der christ-

lichen Grundwerte. So stand es im Lehrplan schwarz auf
weiß. Vorgeschrieben war wörtlich:

»Das Einüben von Selbstständigkeit, Toleranz und
Nächstenliebe anhand eines Theaterstückes.«

Ein Theaterstück! In der zweiten Schulklasse! Ich spreche nicht von so einem Waldorf-Montessori-Sammel-
becken für Schwererziehbare, ich spreche von der staatlichen Wittelsbacher Grundschule im Osten Münchens.
Und das war an allen Schulen Bayerns so.

Auf dem Lehrplan stand das Krippenspiel. Unter der
fachkundigen Leitung der Klassenlehrerin. Zum Regie-
assistent wurde der Religionslehrer erkoren, der Reli-Lehrer, wie wir ihn nannten. Dabei war es völlig egal, ob du
Protestant warst, katholisch, Moslem, Heide oder Hindu.
Beim Krippenspiel mussten alle mitmachen, es sollten ja
schließlich auch alle Eltern zuschauen.

An sich ist die dramatische Struktur des Stückes leicht
zu überschauen: Der Zimmermann Josef und seine hoch-
schwangere Frau Maria begeben sich auf Herbergssuche
nach Bethlehem. Von drei Gasthäusern abgewiesen, landen
sie im Stall bei Ochs und Esel. Auftritt der Hirten, der
Engel und: »Siehe, ich verkündige euch große Freude.« Die
Geburt in der Krippe, der Komet, die Heiligen Drei Könige,
Weihrauch, Gold und Dingsbums. Halleluja, Vorhang. Es
handelt sich um ein immer gleiches, kleines Stück Chris-
ten-Theater, das einem jeden, der je mittat, den Wunsch,
Schauspieler zu werden, bis in alle Ewigkeit vergällte.

Auch bei uns war das nicht anders, mit dem feinen Unterschied, dass die ganze Chose unter hoher Selbstbeteili-
gung der Kinder relativ frei assoziativ und mit den Mit-

teln des realistischen Theaters dargestellt werden sollte. Unser damaliges Krippenspiel: die Geburt des Heilands als antiautoritäres, aber doch realistisches Bühnenstück!

Ich werde erzählen, wie es war, ich werde nichts auslassen, nichts verschweigen, nichts beschönigen. So wahr mir Gott helfe. Wobei ich noch heute inständig dafür bete, dass Gott der Allmächtige unser damaliges Krippenspiel nicht gesehen haben möge. Wenn er es gesehen hat, dann ist das Erstarken des Islam hiermit erklärt. Denn angesichts des Krippenspiels der Klasse 2a der Wittelsbacher hätte Gott sein Terrain kampflos aufgegeben. Er hätte seinen Kollegen angerufen und gesagt:

»Komm, Allah! Bitte mach du weiter, mit meinen Kindern – das wird nichts mehr!«

Unser Krippenspiel … Allein die Proben erstreckten sich über fünf Monate, vom Hochsommer bis kurz vor Weihnachten. Draußen herrschten 30 Grad im Schatten, und wir saßen in Winterklamotten in der Aula. (Endlich war ich nicht mehr der Einzige, der für die Jahreszeit zu warm gekleidet war.) Da nun aber das Publikum aus all unseren Eltern bestand, und mit all unseren Eltern meine ich inklusive Renate und Eberhard, mussten auch alle Kinder etwas zu sagen haben. Finde mal für vierzig Kinder adäquate Rollen in einem Krippenspiel! Maria, Josef – und dann wird's schon eng. Und wer spielt wen? Da ging der Ärger schon los, der vorprogrammierte Streit um die Hauptrollen. Was die Maria anging, wurde allerdings nicht diskutiert. Maria wurde selbstredend gegeben von Katja Berger. Katja war der Klassenschwarm, gut in der Schule und im Ballett. Prädestiniert für die Maria, da gab's gar nichts. Beim Josef wurde es schon ärger, weil natürlich alle Buben an Katjas Seite im Rampenlicht stehen wollten. Die tragende männliche Sprechrolle bekam schlussendlich Harald Meyer, obwohl er gelispelt hat. Die Besetzungsfrage regelte sich wie von selbst durch den wenig antiautoritären, dafür aber umso wirksameren Brauch des »Wer sich zuerst meldet, kommt auch zuerst dran«. Und im Schnellmelden machte Harald niemand etwas vor. In der ihm eigenen Art, dem fingerschnipsenden Nasalstöhnen, brüllte er:

»Ääh, ääh, kann ich den Joschef schpielen, ääh, kann ich den Joschef schpielen?«

»Klar, Harald, kannst du«, besänftigte ihn die Lehrerin. Das war also auch geklärt. Maria und Josef, Katja und Harald, zwei von vierzig, blieben ja bloß noch 38 Kinder übrig. Da war die Fantasie der Grundschullehrerin gefragt. Nach langen Diskussionen und knüppelharter Erfindungsarbeit seitens des Lehrkörpers hatten wir dann nach einiger Zeit reichlich Engel, noch mehr Hirten, drei ausgesprochen gut gehende Gasthäuser mit mehr Personal als Kundschaft und die Heiligen Fünf Könige.

Trotzdem fehlten noch Rollen. Da kam unsere Klassenlehrerin auf die geniale Idee, Maria und Josef könnten ja mit dem Zug nach Bethlehem reisen. Das ist nicht erfunden. Noch einmal ein paar Rollen mehr: Lokführer, Bahnhofsvorsteher, Schaffner, DSG-Team. Unsere Lehrerin hat sich für das realistische Krippenspiel nicht entblödet, Maria und Josef, im Jahre Null christlicher Zeitrechnung, durch halb Palästina und das Westjordanland zu schicken – mit der Bahn! Klar, dass die keine Kohle mehr für die Herberge hatten, wenn alles für das Wochenendticket draufgeht. Die Inszenierung indessen war erfrischend lebensnah:

»Wir begrüßen die zugestiegenen Fahrgäste im Intercity »Komet« von München nach Bethlehem. In der Mitte des Zuges, zwischen der ersten und zweiten Wagenklasse, befindet sich unser Bordrestaurant, in dem Sie die Mitarbeiter der DSG gern zu einem Abendmahl willkommen heißen. Nächster planmäßiger Halt ist Bethlehem.«

Ratzfatz erreichten wir unser Fahrziel, in einer Zeit, die der Deutschen Bahn noch jetzt zur Ehre gereichen dürfte. Ich selber fuhr nicht mit, sondern wartete vor Ort. Es soll nicht verschwiegen werden, dass auch ich meine Schauspielkunst zum Besten gab. Erst wollte ich nicht, aber dann besann ich mich, nicht zuletzt deswegen, weil ich wusste, dass sich die Dramaturgie des Stückes unweigerlich auf eine Geburtsszene hin zuspitzte. Ich war ja etwas weiter als die anderen. Der Eberhard und die Renate hatten mich aufgeklärt, und zwar gründlich. Mir war mit drei schon klar, dass Maria ihren Schreiner nach Strich und Faden verarscht hat. Ein Baby mit ohne Vögeln vorher, das gibt's nicht! Und immerhin spielte keine Geringere die Maria als Katja Berger. Also bewarb ich mich ganz dezent um die Rolle des Heiligen Geistes. Eine stumme, jedoch intensive Nebenrolle. Von der Konstellation der Figuren her passte das, fand ich, denn Harald als Josef blickte ohnehin nur die Hälfte. Ich meldete mich artig und fragte:

»Entschuldigen Sie, Frau Lehrerin, könnte ich vielleicht so ein bisschen den Heiligen Geist machen?«

Doch nichts da: Heiligen Geist gab es nicht, Maria war

trotzdem schwanger, und ich musste zur Strafe den Esel spielen. Deswegen befand ich mich ja auch schon in Bethlehem und nicht im Zug. Das war ein weiterer Kniff unserer Regisseurin: Alle durften per Bahn anreisen, selbst die Hirten, die Engel und die Könige, nur Ochs und Esel nicht, weil das war auch *in echt* verboten. Keine Nutztiere in deutschen Zügen, und so standen wir demütig wartend und dumm im Stall rum. Ich und der Ochs, welcher ausgerechnet von Astrid von Ginten gegeben wurde. Diese alberne, adelige Kuh machte den Ochsen. Fünf lange Probenmonate lag ich gekettet an Astrid und musste Stroh fressen. Die Nachbarstochter spielte diese Rolle übrigens freiwillig, weniger um mich zu ärgern, als vielmehr der Textmenge wegen, denn der Ochs hatte tatsächlich öfter etwas zu sagen als die Maria, durfte dafür aber nicht Bahn fahren.

Der Esel hingegen hatte keinen Text, also fast keinen. Ich möchte mich nicht beklagen, aber ich stellte einen Esel dar, und der war von der Figur her nicht als Shakespeare'sches Fabeltier angelegt, sondern als konkreter Depp vom Dienst: null Text und eine Verkleidung, die mit »Folter« nur euphemistisch beschrieben wäre. (Also *dagegen* war Gandhi ein Zuckerschlecken gewesen.)

Es war ja so: Alle durften, ja *mussten* sich ihre Kostüme und Requisiten eigenhändig besorgen. Gerade darin lag doch der pädagogische Auftrag, das Erlenen von Selbstständigkeit. Allein Astrid und ich wurden hochoffiziell ausgestattet. Niemand weiß, weshalb. Warum war ausgerechnet ich der Esel? So ein Hirte, von mir aus ein stummer, das wäre doch was gewesen. Hätte ich mich wenigstens selbst einkleiden und ausrüsten können. Oh, wir hatten prima Hirten in unserem Krippenspiel. Bis an die Zähne bewaffnet, mit den modernsten Handfeuerwaffen, die der Spielzeugmarkt hergab, als wären die Weiden um Bethlehem Minenfelder im Gaza-Streifen.

Nun soll nicht der Eindruck entstehen, die Klasse 2a wäre in ihrem Erfindungsreichtum blockiert oder allzu eindimensional veranlagt gewesen. Keineswegs, denn die Hirten sollten dem Heiland ja auch Geschenke mitbringen, und seine Waffen hat ihm keiner gegeben. Da musste man sich schon etwas Besseres einfallen lassen. Jesus bekam haufenweise Spekulatius, Äpfel und Mandarinen, aber keine Pistolen und Granaten. Die Lehrer ließen den Schülern freie Hand, nur wenn die Kreativität gänzlich versagte, halfen sie nach. Einem besonders tumben Hirten, der übrigens wie ich des Bayerischen nur rudimentär mächtig war, legte man nahe, den Messias doch mit einem »Lamperl« zu beglücken. Was er auch tat und zur Generalprobe mit einer funkelnagelneuen Halogen-Taschenlampe auflief. Was soll's, es war die Zeit des experimentellen Theaters, und »Lamm« oder »Leuchte«, was machte das für einen Unterschied? Gottes Sohn waren alle Präsente recht, auch wenn der Hirte auf der Bühne immer etwas unpräzise von seinem »Halousch'n-Lamperl« sprach.

Doch zurück zu mir und meinem Eselsgewand. Die Ausstattung des Esels war nämlich Chefsache. Keine Kinderhand sollte das Kostümwerk der Handarbeitslehrerin verschandeln. (Lehrer für Handarbeit und Werken! Früher wurden aus unfähigen Kunststudenten Diktatoren, heute werden sie Handarbeitslehrer.) All ihr Können und ihre

Mühe legte die Handarbeitslehrerin in meine Verkleidung. Sie verpasste mir einen Eselskopf von unglaublichen Ausmaßen: einen Meter zwanzig hoch und einen guten Meter breit, aus Pappmaché. Klar, dass man mit so einem Schädel nicht in den Zug reinkam! Wenn der Begriff *entartete Kunst* jemals Sinn gemacht haben sollte, dann nur in Bezug auf meine pseudokubistische Krippenspiel-Eselsschnauze. Ich habe nie wieder in meinem Leben so geschwitzt, und erkannt hat mich keine Sau. Nur, um das deutlich zu machen: Ich wurde noch nicht einmal als *Esel* identifiziert. Der Reli-Lehrer hatte irgendwann Mitleid mit mir, aber anstatt mich von diesem Pappmaché-Tumor zu befreien, bekam ich ein Schild um den Hals, auf dem »Esel« geschrieben stand. So einfach konnte Theater sein; die Renate und der Eberhard haben sich schon während der Anprobe bepisst vor Lachen.

Und dieses Drecksteil von Eselsmaske hielt auch nicht an meinem Kopf. Was nicht ungefährlich war, es hätte die anderen Mitspieler erschlagen können. Also wurde mir die Eselsschnauze angeklebt, mit einem halben Eimer Pattex, direkt auf die Haut, gesichtsmittig. Die Handarbeitslehrerin fungierte als Dealer. Welch eine Maßnahme: *Keine Macht den Drogen* – aber Kleber in die Schnauze! Nach fünf Minuten war ich breiter als ein Brett, und an eine künstlerisch wertvolle Eselsinterpretation war nicht mehr zu denken. Als die anderen Darsteller am Bahnhof Bethlehem ankamen, befand ich mich in meinem Stall bereits jenseits von Gut und Böse. »Das Einüben von Toleranz anhand eines Theaterstücks.« Ich hatte das Lernziel längst erreicht. Benebelt torkelte ich über die Bühne und sang:

»Alles ist easy, jippieh, so easy!«

Meine Eltern jubelten, der Bub war zum ersten Mal richtig *stoned*, doch da ging das Krippenspiel im eigentlichen Sinne erst los. Ich lungerte bis über den Anschlag hinaus strack im Stall, und die heilige Kleinfamilie saß währenddessen fröhlich im Zug. Man begab sich nach Bethlehem zur Volkszählung. Schon der lapidare Grund der Reise stellte das Regieteam vor eine diffizile inszenatorische Aufgabe, denn das Thema Volkszählung durfte damals in Bayern nur mit Samthandschuhen angefasst werden. Doch Theater muss politisch sein, auch wenn die Darsteller erst acht sind. Demnach lautete der erste Dialog zwischen Maria und Josef wie folgt:

»Komm Maria. Volkschzählung in Bethlehem. Da müschen wir hin.«

»Aber Josef, ich bin doch schwanger.«

»Dann zählen schie eben drei Leute. Volkschzählung ischt Volkschzählung!«

»Josef, denk doch an die Wehen. Lass uns lieber eine Herberge suchen.«

»Alscho gut.«

Schon dieses lapidare Gespräch zeigte die Genialität des Textes und seine politisch subtile Brisanz. Dem geübten Theaterbesucher war sofort klar, dass die umstrittene Volkszählung mit keinem weiteren Wort erwähnt werden würde. Der Boykottaufruf war versteckt, aber er war da; keine Zählung also, aber auch keine Herberge. Es folgten die Szene im Stall, Auftritt Ochs und Esel, Astrid von Gintens großer Monolog. Leider ist es wahr: Der, bis auf den heutigen Tag aus gutem Grund anonym gebliebene, Schultheater-Autor hat sich nicht erdummdreistet, Folgendes ins Textbuch zu ergießen:

»Ein Ochs ich bin, ein Tier im Stall / wo heute sogar Kön'ge sind / und doch geb' ich der Liebe all / soll wärmen hier das Jesuskind.«

Und ich sagte:

»Ih ah.«

Ich hätte heulen können ob meines Textes. *Ih ah* – was ja im Bayerischen so viel bedeutete wie *Ich auch*. Was für einen Hammer-Dialog ließ man Astrid und mich doch sprechen.

»Ich wärme das Jesuskind.«

»Ih ah.«

»Ich schütze das Jesuskind.«

»Ih ah.«

»Ich benedeie das Jesuskind.«

»Ih ah.«

So ein Bockmist! Was sollte das denn bedeuten? Ich benedeie das Jesuskind? Zu dem Zeitpunkt im Stück war der Jesus noch nicht einmal geboren. Je mehr ich mich mit dem Spiel und meiner Rolle identifizierte, desto unzufriedener wurde ich. Überhaupt, was hatte denn mein Text noch mit Kunst zu tun? 58 Mal »Ih ah«-Sagen. Vorsichtig muckte ich auf:

»Frau Regisseurin, wäre es möglich, meinen Part intellektuell etwas aufzupeppen?«

Doch die Lehrerin ließ mich abblitzen:

»Sieh lieber zu, dass du deinen Text bis zur Premiere auswendig kannst.«

Wutentbrannt entgegnete ich:

»Was soll man denn da können? Wenn ich schon einen Esel gebe, dann richtig. Ohne Schminke und Wenn und Aber. Die Maske, verflucht, sie soll fallen. Lasst mich den Esel spielen.«

Krachend donnerte mein Pappschädel zu Boden. Die Lehrerin rief mich zur Ordnung:

»Jens, du setzt augenblicklich deinen Eselskopf wieder auf!«

»Erstens heiße ich Jess und zweitens: niemals«, und ich intonierte den Esel, auf dass Lee Strasberg seine wahre Freude gehabt hätte: »Iiiih Aaaah! Iiiih Aaaah!«

»Willst du wohl aufhören?«

»Nein, ich höre nicht auf! IIIIH AAAAH! IIIIH AAAAH! Aber bitte, wegen mir muss es kein Esel sein, ich kann auch einen Hund oder eine Giraffe oder ein Lama.«

Ich rotzte in Richtung des Reli-Lehrers, welcher daraufhin meinte:

»Das ist doch nicht realistisch. Im Krippenspiel gibt es gar kein Lama.«

»Ach nicht? Dann sagt mir doch, was für ein Tier ich machen soll. Ich kann sie alle, ich bin Schauspieler! Vielleicht einen Frosch? Ich liebe Frösche und Kröten. Von jetzt an bin ich die Gelbbauchunke von Bethlehem.«

Weil ich eindeutig Gefahr lief, dem Wahnsinn anheimzufallen, mischte sich Harald ein, um zu schlichten.

»Hör auf die Lehrer. Jesch, du warscht der beschte Eschel, den wir je hatten. Jetzt schei doch nicht scho.«

Ich aber war so, und erst Katja Berger brachte mich wieder zur Raison. Sie trat ganz nah an mich heran, senkte ihren Blick und flüsterte:

»Mach wieder mit, Jess. Das Jesuskind soll doch jetzt geboren werden. Sei kein Frosch!«

Dann küsste sie mich sachte auf die Stirn, und mein Widerstand war gebrochen. Umgehend gab ich wieder den Esel. Sie hatte ja recht, Maria sollte gebären. Katja Berger war so weit. Lieber Leser, wir befanden uns in der zweiten Klasse. Für die meisten von uns wurden Kinder vom Klapperstorch gebracht, und was sollten wir spielen? Eine realistische Geburtsszene! Und doch möchte ich meinen, gelang uns damit ein Glanzpunkt unseres Krippenspiels. Ein jeder agierte hochkonzentriert, alle kannten ihren Text und ihre Einsätze. Sogar Harald Meyer vergaß für einen winzigen Moment seinen Sprachfehler, als er seine Gattin zärtlich anfeuerte:

»Preschen, Maria, du musst pressen.«

Und Katja presste, wie nie eino niederkommende Frau vor ihr jemals gepresst hatte.

»Ah, ah, es tut so weh, ah.«

»Du schaffscht dasch, Maria. Preschen!«

»Aaah!«

Nun beugte sich der Ochs über die werdende Mutter.

»Ich sehe das Jesuskind.«

»Ih ah.«

»Preschen, Maria, preschen!«

Man kann sagen, dass unser Stück zu diesem Zeitpunkt etwas aus den Fugen geriet, und doch war es mit Sicherheit die realistischste Geburt, die je von Achtjährigen auf die Bühne gebracht wurde. Leidenschaftlich brüllte Katja-Maria:

»Ah! Ah! Ah!«

»Ih ah! Ih ah!«, röhrte ich solidarisch.

»Oh mein Gott, es kommt«, wimmerte Katja.

»PRESCHEN!«, befahl ihr Ehemann.

»AAAAHH!«, brüllte die heilige Jungfrau und entband.

Es ward vollbracht. Die Wolldecke unter Marias Hemd verschwand, und zum Vorschein kam – der Messias. In der Aula der Wittelsbacher Grundschule. Es war ergreifend. Der Chor der Engel sang »Euch ist ein Heiland heut' gebor'n«, und Katja Berger hatte Tränen in den Augen.

Nicht ganz unbegründet, denn die Puppe, die das Jesus-Baby darstellte, gehörte vormals ihr. Das war so eine Art Riesen-Barbie, der die Handarbeitslehrerin unter dem Schreien und Wehklagen der Mädchen die Haare abgeschnitten hatte. Selbstbestimmung war das eine, Toleranz das andere, aber ein Jesuskind mit langen, blonden Dauerwellen konnte nicht einmal der liberalste Lehrer in Bayern durchgehen lassen. Also Glatze. Und der Umgang mit dem kleinen Geschöpf musste ganz vorsichtig sein. Die Jesus-Barbie durfte nur behutsam bewegt werden, denn sie konnte sprechen.

Vielleicht erinnert sich der ein oder andere noch an dieses realitätsnahe Spielzeug. Man drückte der Puppe auf den Bauch, und die sagte dann: »Kauf mir was!« Das wäre freilich eher uncool gekommen, hätte Maria freudetrunken ihren just geborenen Jesus in Händen gehalten, und die Skinhead-Barbie hätte dann »Kauf mir was!« gesagt. Da war höchste schauspielerische Konzentration vonnöten, und Katja Berger hatte das auch im Griff. Zumindest bei den Proben. Bei der Aufführung jedoch erwachte in Josef der Vaterinstinkt.

»Maria, läscht du mich auch mal den Jeschusch halten?«

»Nein! Pass doch auf, Harald.«

»Jetzt schei doch nicht scho«, quengelte er und langte nach dem Baby.

»Kauf mir was!«

»Siehste«, sagte Katja und nahm ihm die Puppe wieder weg.

»Kauf mir was!«

»Wasch scholl denn das?«, wollte Harald wissen und griff erneut nach seinem Kind.

»Kauf mir was!«

Die Katastrophe nahm ihren Lauf.

»Vom Himmel hoch, da komm ich her«, der Chor konnte auch nichts mehr retten, »ich bring euch frohe gute Mär!«

»Kauf mir was!«

Von rechts stürmten grimmige Hirten die Bühne, und von links kamen weihrauchbeseelt die Könige.

»Aus dem fernen Morgenland / sind wir den Weg hierher gerannt!«

»Jetzt pascht halt ein bischchen auf!«

»Kauf mir was!«

Vierzig Schulkinder waren im Begriff, den Heiland zu zerquetschen. Heldenhaft rief Astrid von Ginten:

»Ich schütze das Jesuskind!«

»Ih ah.«

»Kauf mir was!«

Die Aula der Grundschule wankte. Alle stürzten sich auf den Messias, und es schien, als sollte Jesus Christus nicht einmal seinen eigenen Geburtstag überleben. Den

Ochs im Schlepptau, warf ich mich dazwischen und zitierte mutig, wenn auch falsch, Erich Honecker:

»Den Sozialismus in seinem Lauf halten Ochs und Esel auf! Iiihhh Aaaahh!«

Doch es war zwecklos. Die Bretter, die die Welt bedeuten, bebten. Die Bühne barst. Alles ächzte, krachte, stöhnte.

»Kauf mir was!«

Die Lehrerin heulte, Josef schrie, Maria umklammerte ihr Kind, Astrid trat mir in die Eier, ich heulte, der Reli-Lehrer verließ unter Protest den Raum, jetzt schrien die Hirten, die Könige heulten, es kreischte die Handarbeitslehrerin, und noch jemand brüllte so markerschütternd wie nie zuvor einen Schrei:

»SIIIIIIEEEEEHHHHHHEEEE!«

Von allen vergessen, seit einer Stunde auf seinen Einsatz wartend, in schwindelerregender Höhe direkt unter der Auladecke, hing, an einem Drahtseil befestigt, Erwin Moser. Der dicke Erwin, er war der Verkündigungsengel. Bis zur Premiere war ich der unumstößlichen Meinung gewesen, dass Erwin Moser als Engel die größte Fehlbesetzung der gesamten deutschen Theatergeschichte sei. Nie war eine Putte barocker! Eine rotbackige Tunte am Drahtseil, die regelmäßig Dutzende von Dübeln und Spax-Schrauben aus der Aula-Decke riss. Und die sich bei jeder Probe mit atemberaubender Geschwindigkeit dem Boden näherte. »Und siehe, ich verkündige euch …«, große Freude bei den Mitschülern, wenn der dicke Erwin dumpf auf dem Parkett einschlug.

Diesmal aber war anders. Ein zweites Mal brüllte Erwin:

»SIIIIIIEEEEEHHHHHHEEEE!«

Und dann kam er. Erwin, der Engel, zehn Meter über dem Bühnenboden, er schwebte ein, ganz sachte, fast zärtlich, von Engelsschwingen getragen, in gleißendes Licht getaucht, er kam direkt vom Himmel auf die Erde, um Freude zu verkündigen. Wie in Zeitlupe! Zehn Meter, neun, acht. Wie im Film! Sieben Meter, sechs, fünf, vier. Es war Harald, der am schnellsten reagierte und seine Gattin mit einem gezielten Hechtsprung aus der Landezone boxte. Katja Berger hat ihm dies nie verziehen.

Doch Erwin flog, drei Meter, er flog, wie nur Engel es können, zwei Meter, einer – und er landete bäuchlings, aber doch voll Anmut, mitten in der Krippe, die ob solchen Gewichts gleichsam zart in sich zusammenbrach. Es war überirdisch. Die Klasse 2a der Wittelsbacher verstummte, ebenso die noch verbliebenen Lehrer. Alle blickten sie auf Erwin Moser. Und Erwin lächelte und sagte:

»Gott sei Dank!«

Und was tat das Publikum? Es klatschte. Die versammelten Eltern, Eberhard und Renate unter ihnen, sie johlten und applaudierten. »Welch ein Schauspiel!« und »Bravo!« riefen sie und: »Seht her, das sind unsere Kinder, aus denen wird noch mal was!«

Wir aber verharrten stumm auf der Bühne und blickten immer noch auf Erwin und das Wunder, das sich zutrug. Und unsichtbar, unter ihm, ertönte ein leises Stimmchen …

Manchmal kommt die Abhängigkeit vor der Liebe. Katja hatte ihre Hände auf den Tasten und ich blätterte die Partitur um. Ein lächerliches Paar: Sie spielte miserabel und ich konnte keine Noten lesen. Katja musste mir immer zunicken, und die Vorspielabende der Musikschule gerieten zu Folter, Farce und heimlichem Liebesbeweis.

Das Leben draußen dagegen war unschuldig: Fußball zwischen den Aschentonnen, Gummitwist, »eins, zwei, drei, vier Eckstein, jeder muss versteckt sein«.

Und jeder war dem anderen entbehrlich.

Vor dem Abschlusskonzert riss ich die letzte Seite des Notenheftes heraus und klebte einen Zettel ein. Gemeinsam siegen oder alleine untergehen. Händchenhaltend durchs Leben oder Schostakowitsch bis in alle Ewigkeit.

»Willst du mit mir gehen?«, stand auf dem Zettel.

Ich erinnere mich nicht, ob Katja nickte, aber sie spielte fehlerfrei zu Ende.

Meine Probleme
mit Gott

Ich wuchs auf, ohne mir auch nur ein einziges der großen sinnstiftenden Gedankengebäude anzueignen. Man darf das getrost als Kunststück bezeichnen. Dass ich aber zwanzig Jahre lang in Süddeutschland lebte und den Katholizismus noch nicht einmal in seinen Ansätzen kapierte, ist nichts weniger als eine erzieherische Meisterleistung meiner Eltern. Eigentlich denke ich, so ein bisschen gläubig hätte ich ruhig werden können, ein guter Christ, um wenigstens irgendwas in der Hand zu haben, das mir den Weg hätte weisen können. In Bayern standen die Chancen dafür an sich ausgesprochen gut, zumal der Eberhard und die Renate ja auch religiös waren – zumindest bis sie esoterisch wurden.

Eine Zeit lang trugen sie den Katholizismus quasi ungefiltert in die K-Gruppe hinein. Marx war ihr Heiland und Gott ihr Guru. Irgendwie brachten sie das zusammen. Ich dagegen habe es einfach nicht geschafft, den rechten Glauben mitzunehmen, obwohl meine Eltern ständig von Gott und Maria und den ganzen Leuten geredet haben – allerdings in dieser Sprache, die ich nicht verstand:

»Hagottsack, Kruzifix, Himmi Kreiz Sakrament, Jessas-Maria-und-Josef, Deifi no a mal, Sackl Zement Halleluja, Hargott Margot, ja pfiati Gott!«

Da bekam ich schon ein etwas komisches Gottesbild in meinen jungen Jahren. Aber ich war noch klein, es konnte nur besser werden, und Möglichkeiten der Erleuchtung gab es reichlich.

Als die Renate das Tischgebet einführte zum Beispiel. Ich weiß nicht, ob sie das aus religiösen Gründen tat oder ob das von ihrem durch ein Fernstudium der Geschichtswissenschaft angeregten gelebten Antifaschismus herrührte. Auf jeden Fall begannen wir irgendwann damit, uns vor jeder Mahlzeit an den Händen zu halten und zu beten. Hochdeutsch und vor allem eingedenk der deutschen Historie: Bonhoeffer. »Von guten Mächten wunderbar geborgen, erwarten wir getrost, was kommen mag, Gott ist mit uns am Abend und am Morgen ...« Ich habe Gott für einen Mitesser gehalten. Und angesichts dessen, was er mit uns essen musste, tat er mir leid. Wie sollte man an jemand glauben, wie sollte man sich von jemandem lenken und leiten lassen, für den man Mitleid empfand? Was ich brauchte, war ein mächtiger Mann, ein Furcht einflößender Gott. Und auch den bekam ich. Ich meine damit jetzt nicht den Kindergottesdienst und die adoleszenten Bibelkreise, die einem das Fürchten in Reinkultur nahebrachten – nein, jeden Tag, wenn ich ins Bett gebracht wurde (ich musste früh zu Bett, stets so gegen Mitternacht), nahm mich der Eberhard auf den Arm, schaukelte mich durch die Gegend und schmetterte immer das gleiche, durchaus christliche Schlaflied:

»Guten Abend, gute Nacht.« Da war an Schlaf nicht zu denken.

»Morgen früh, wenn Gott will, wirst du wieder geweckt.

MORGEN FRÜH, WENN GOTT WILL, WIRST DU WIE-
DER GEWECKT.«

Und er schleuderte mich liebevoll in mein von tami-
lischen Asylbewerberhänden glatt gehobeltes Zedern-
holz-Ökobett. Ich aber dachte: Was ist, wenn Gott nicht
will? Ich tat nächtelang kein Auge zu. Er könnte es ja mal
vergessen. Viel zu tun da oben. Und dann, 30 Jahre später,
würde sich der Herr im Himmel vor den Kopf schlagen
und ausrufen:

»Fuck! Den hätte ich wecken sollen! Gott, wie peinlich!«

Da hatte ich also den ersehnten Schreckensherrscher,
weil ich jedoch wider Erwarten jeden Morgen aufwachte,
zögerte ich es lang, vielleicht zu lang, hinaus, bedingungs-
los an ihn zu glauben. Ich wurde älter, ging ohne Lied
schlafen, und die Angst ließ nach. Und noch bevor der
schulische Religionsunterricht sie hätte reinstallieren
können, war's aus mit dem Christentum in unserer Familie.

Die Renate und der Eberhard entdeckten sinnmäßig
andere Kulturkreise, was dazu führte, dass sie Gott nicht
nur einen guten Mann sein ließen, sondern ihn und seine
Sippschaft regelrecht bekämpften. Von nun an hieß es
»Religion ist Opium für das Volk«, und meine Eltern be-
vorzugten andere Drogen. Sie fingen an, seltsame Gewän-
der in noch seltsameren Farben zu tragen, und wurden
esoterisch.

Spaß war das keiner und, Gott zu Ehren, Folgendes ins
Stammbuch: Wenn Erziehungsberechtigte spirituell werden, ertränke die Kinder, erspar's ihnen! Ich habe irgend-

wann aufgehört, die verschiedenen Trips und Sekten mitzuzählen. Nicht nur, dass meine Eltern jeden Käse mitmachten, es überkam sie auch ein missionarischer Eifer, und sie boten ihrerseits Seminare an. Bei uns zu Hause. Was habe ich mich geschämt.

Die ganze Stadt klebten sie mit ihren Werbeplakaten zu. In schmuckem Mitmach-Lila gebatikt, prangte an jeder Straßenlaterne und an jedem Vorfahrtsschild: »Sag Du zum Ich – mit Eberhard und Renate.«

Meine Fresse, was da alles stattfand. Unsägliche Wiedergeburts-Workshops – in meinem Kinderzimmer! Da saßen dann etliche Erleuchtungswillige, von Räucherstäbchenrauch umwallt, im Kreis und diskutierten, was sie mal so waren. Und was sie noch so werden wollten. Vom Tier her. Hey, die waren volljährig! Immer wieder sprang jemand auf, verdrehte die Augen und rief:

»Ich weiß es wieder. Ich war einmal ein Fisch! Eine Forelle. Echt. Oder ein Barsch? Ein Seepferdchen? Nein, am liebsten ein Delfin.«

Ich glaube, Heinz Sielmann hätte seine helle Freude gehabt, weil alle Tiere mal drankamen. Der Eberhard und die Renate, sich ihrer Funktion als Seminarleitende voll bewusst, ließen nicht ein einziges Lebewesen aus. Sie besaßen so viele frühere Leben, wie es Tiere gab. Wahlweise waren sie Eichhörnchen, Kartoffelkäfer, Schmetterling oder Giraffe. Als sie schließlich einhellig den Wunsch äußerten, als Frosch wiedergeboren zu werden, stieg ich aus. Ich frage das mal ganz privat: Ist es sinnvoll für ein Kind, wenn die Eltern ein Frosch werden wollen? Man hat ein schönes Leben gehabt, stirbt und kommt als Frosch wieder zur Welt! Man hockt blöd rum, quakt erbärmlich und fängt Fliegen. Und irgendwann kommt so ein bescheuerter Greenpeace-Aktivist vorbei und will einen über die Straße tragen. Also, wenn das nicht demütigend ist, dann weiß ich auch nicht mehr weiter.

Der einzige Mensch, den ich in diesem Sinn- und Glaubenswirrwarr um Rat fragen konnte, war meine Großmutter väterlicherseits. Allein die Bärenmarken-Oma war die größte Atheistin vor dem Herrn. Einmal jedoch, als ich wieder mal aufs Heftigste verwirrt bei ihr einlief, nahm sie mich bei der Hand und sagte:

»Bua, in der Bibel steht, dass Gott der Schöpfer aller Dinge ist, der Menschen, der Tiere und der Pflanzen. Alles g'schieht nach seinem Willen, des is' ein perfekter Plan – heißt es. So, und jetza schaust a mal deine Eltern an und was die so treiben. Glaubst du wirklich, Gott hätte das gewollt?«

Nein, wenigstens das leuchtete mir ein. Alsdann kredenzte sie mir einen Kinderkaffee, bestehend aus einem Teil Ovomaltine und zwei Teilen Dosenmilch, und das war Sinn genug.

Die Todesanzeige für Paul, den alle nur Pico nannten, habe ich ausgeschnitten. »Nach einem erfüllten Leben hat es dem HErrn gefallen, seinen Sohn Pico heimzurufen.«

Heimrufen traf es. Das war das Schlimmste, wenn die Eltern uns heimriefen. Zum Essen. Pappsatt waren wir von den geschenkten Bratwürsten und viel lieber wollten wir bei den Männern bleiben. Die erzählten vom Krieg und von der Liebe. Pico hörte zu. Wer beichten wollte, kam zu ihm, und wer Hunger hatte, auch. Den Verliebten malte er mit der Senftube ein Herz auf den Teller, den Traurigen eine Sonne und Bredersens Karl, der in der NPD war, ein Hakenkreuz. Dass es alle sehen konnten.

Erst später fiel mir auf: Die Todesanzeige war so falsch wie der Genitiv auf Picos Schild. Nicht der HErr, sondern Pico hatte das erfüllte Leben. Und der HErr rief ihn auch nicht zum Essen heim, er rief, weil er Hunger hatte. Oder reden wollte.

Was ihm Paul, den alle nur Pico nannten, auf den Teller malte, weiß ich nicht.

Knax fürs Leben oder:
Ich war jung und brauchte das Geld

Jeder Mensch hat einmal Jugendsünden began-
gen, früher, das ist so, und das ist nicht weiter
schlimm. Obwohl – eigentlich ist es schon schlimm. Wenn
man mal von den Klassikern absieht: Lakritze klauen, ins
Schwimmbad pinkeln, Eltern belügen:

»Ich übernachte bei 'nem Kumpel, Renate.«

»Nimm Kondome mit, mein Sohn!«

Das gehört zur Sozialisation. Jedwede andere Jugendsünde aber ist untilgbar und für alle Ewigkeit als trauma-
tisches Stigma ins Stammhirn eingebrannt. Supertramp
gut finden, zum Beispiel, ist unentschuldbar oder auch
das freiwillige Tragen gelber Pullunder. Und alle, die mit
13 den ›Steppenwolf‹ lasen, werden in der Hölle bren-
nen – ob sie wollen oder nicht. Oder auch die, welche
einst die Ersparnisse eines ganzen Jahres in den Kaugum-
miautomaten stopften, nur um an den Plastikring zu ge-
langen, werden früher oder später dafür bezahlen. Sie
müssen einen hässlichen Menschen heiraten oder sonst
was – jede Jugendsünde fordert irgendwann ihren Tribut.
Mein frühkindliches Vergehen ist eins der schlimmsten:
Ich war *Knax*-Leser.

Es war so: Als ich klein war, gab es ja diese herrlich un-
persönlichen Geldautomaten noch nicht. Täglich musste

ich mit meinem *Pocket*-Sparbuch in die Sparkassen-Filiale marschieren und war auf Gedeih und Verderb von der Gunst einer misslaunigen, sauertöpfischen Bankfrau abhängig. Fünf Mark durfte man pro Tag abheben, und so musste ich jeden Tag auf die Bank.

Es war ja so: Schon mit neun war ich starker Raucher, eine Schachtel kostete vier Mark, und die verbleibenden 100 Pfennige deckten so gerade meinen täglichen Konsum von Capri-Sonne und Ahoi-Brause (Lakritze habe ich geklaut). Und auch das Schutzgeld in der Schule und die Pferdewetten wollten bezahlt werden, egal, auf jeden Fall war es mir in der Regel finanziell unmöglich, anständige Comics zu erwerben. Überhaupt: Wenn mich meine Eltern mit ›Donald Duck‹ erwischt hätten, wäre der Teufel los gewesen. Da waren sich die Renate und der Eberhard einig: Comics sind unreflektierte, dümmliche Bildergeschichten, sie stammen aus Amerika und wurden nur zu dem einen Zweck erfunden, mich zu verblöden. Sie sind Waffen des Systems, um aus mir einen sprachverkümmerten Knecht der Bourgeoisie zu formen.

Die einzige Ausnahme war natürlich ›Asterix‹, weil der gut und pädagogisch wertvoll war (er kam ja auch nicht aus Amerika). Tolle Pädagogik: Die Gallier haben Zaubertrank und alle anderen nicht, wie fair! Feine Superhelden waren mir das. Hätte es Asterix auch nur einmal mit Batman zu tun bekommen, er hätte keine Chance gehabt! Um das Erziehungskonzept zu vervollständigen, erlaubten mir der Eberhard und die Renate, ›Asterix‹ zu lesen – kaufen musste ich ihn mir selbstredend selber.

(Was ich nie getan habe. Wenn ich mal flüssig war, an

Weihnachten oder an meinem Geburtstag, habe ich mir ›YPS‹ gekauft und nichts anderes. ›YPS‹ war zwar nicht ›Asterix‹, aber trotzdem *pc*, wegen der Bastel-Gimmicks. Verstehe einer die Erwachsenen.)

Leider hatte ich nur selten genug Geld, und so deckte ich meinen Bedarf an Lesestoff meist mit dem Comic der Sparkasse, eben mit ›Knax‹. Diese Heftchen gab es umsonst, und Hermann Hesse habe ich nie angerührt, ich schwöre. Erst war es bloß ein Trick, um an mehr Kohle zu kommen: Ich fragte artig nach dem Comic, und als Dank erlaubte mir die Bankfrau, gelegentlich fünf Mark fünfzig oder auch mal sechs Mark vom Sparbuch abzuheben.

Aber mit der Zeit wurde ich süchtig nach den Heftchen, ich lebte regelrecht in der sauberen Welt von Dodo und Didi, war wie vernarrt in die Abenteuer der Knaxianer. Es stimmte mich froh, wenn der raffgierige Fetz und seine verschwenderischen Kumpanen eins auf den Deckel bekamen von den Guten, Ordentlichen und vor allem Sparsamen. Hier hätten meine Eltern mal eingreifen sollen, sie wären erstaunt gewesen, wie recht sie mit ihrer Verblendungstheorie gehabt hatten. Aber nein, sie ließen mich, und ich rutschte immer mehr ab auf das tiefste Niveau deutschen Comicschaffens. Mein Knacks fürs Leben: Ich war glücklich, wenn die Bank gewann. Kurz, ich war ein Scheißkind!

Und jede Jugendsünde holt dich ein: Vor ungefähr einem Jahr sperrten mir sämtliche Kreditinstitute meine Karten, und wenn ich was zu essen oder Drogen kaufen wollte, musste ich in eine Sparkassenfiliale hineingehen – da war ich schon Jahre nicht mehr gewesen – und eine misslaunige Filialleiterin entschied über mein Schicksal. Wie früher!

Es kam, wie es kommen musste. Ich habe mich – ich weiß nicht wieso – in meine sauertöpfische Bankfrau verliebt. Dabei wollte ich nie einen Ring aus dem Kaugummi-Automaten (mit welchem Geld auch), aber ich habe ›Knax‹ gelesen, und Strafe muss sein. Und irgendwann war es dann so weit.

Ich konnte nichts dagegen tun, ich setzte meinen infantil-süßesten Dackelblick auf, sah meiner Bänkerin tief in die Augen und fragte:

»Wollen Sie meine Frau werden?«

Und sie lächelte und gab mir wortlos das aktuelle ›Knax‹-Heftchen.

Das Gesicht
hinter der Scheibe

Das Gesicht hinter der Scheibe, jenes schemenhafte Abbild des Grauens, jene Fratze, die einen erstarren ließ, das Gesicht hinter der Scheibe war für mich über Jahre hinweg Karl-Heinz Köpcke. Der Nachrichtensprecher.

Als ich klein war, führten der Eberhard und die Renate ein strenges Regiment, was das Fernsehen anging. Seit ich denken kann, hatten wir zwar immer einen Fernseher, einen Scala, aber der durfte – außer zur Tagesschau – auf gar keinen Fall angeschaltet werden. Es war zu gefährlich.

»Die Strahlung«, sagte Renate immer, und die Gefahr, das Gerät könnte implodieren. Der Scala stand als geheimnisvoller, Staub fangender, dunkler Klotz in der Ecke des Wohnzimmers, auf einem mit Eichenimitat furnierten Beistelltisch. Das habe ich früh gelernt: Fernsehen war des Teufels. Nur nicht heimlich anschalten. Denn im Fernseher wohnte Karl-Heinz Köpcke. Der Mann ohne Unterleib. Und jeden Abend von acht bis Viertel nach acht las er Geschichten vor, seltsame, unverständliche Geschichten, und zeigte gruselige Filmchen. Danach musste ich ins Bett und hatte Albträume. Karl-Heinz Köpcke war Satan, auch wenn man seinen Pferdefuß natürlich nie sah. Nur seinen Kopf und Oberkörper. In Brusthöhe war er auf einem Brett angeschraubt und vor ihm lagen die Zettel mit den Geschichten. Die las er mit monotoner Stimme vor. Und alle zehn Sekunden blickte er auf und sah mich mit seinen stechenden Augen durch die Scheibe an. Als wollte er sich vergewissern: »Hörst du mir auch zu, Kleiner?«

Wie gebannt lauschte ich ihm, doch ich verstand kein Wort. Es ist wahr, wenn ich wirklich einmal Angst hatte in meinem Leben, also echte, tiefe, nackte Angst, dann war es die vor Karl-Heinz Köpcke.

Niemals, selbst wenn ich allein zu Hause war, habe ich mich getraut, heimlich den Fernseher anzumachen. Ich wollte nicht wissen, was der Teufel tagsüber macht. Aber magisch angezogen hat er mich doch, der schwarze Quader mit der Scheibe. Abgemessen habe ich ihn, mit dem Zollstock meines Vaters, 40 Zentimeter hoch und ebenso tief, exakt die Oberkörpermaße des Fürsten der Finsternis. Er passte da genau rein. Das Böse ließ sich empirisch belegen. Gut, dass es damals noch keine Flachbildschirme gab, das hätte mich wohl um den Verstand gebracht.

Ich kann das Gefühl nicht beschreiben, als ich das erste Mal jemand anderen als Karl-Heinz Köpcke in der Höllenmaschine erblickte. Andere Figuren, sie waren viel kleiner als er, schwarz-weiß, trugen Cowboyhüte und liefen auf Zügen entlang, dann auch manchmal farbig, in Gymnastikstrumpfhosen, und sie sagten durch die Scheibe hindurch, ich solle Rumpfbeugen machen. So sahen die Schergen des Teufels aus? Gezeichnete Tiere, die sprechen konnten, oder alte, orangenhäutige Frauen, die ihre Finger in Spülwasser tunkten? Erst als ich mein erstes

Fußballspiel im Fernsehen sah, konnte ich der Hölle positive Seiten abgewinnen. Wirklich angefreundet habe ich mich mit diesem Medium jedoch nie.

Zumindest gucken durfte ich, als ich älter wurde, doch die Magie des Kastens blieb. Und ich sah viel fern – wenn ich mal in die Hölle müsste, wollte ich mich ein wenig auskennen dort. Nur Filme, in denen Leute erschossen wurden, hatten Renate und Eberhard nicht so gern. Das sei kein so gutes Beispiel für Kinder, sagten sie. Aber die Angst versuchten sie mir zu nehmen. Durch das helle Licht der Aufklärung.

»Die sind gar nicht in echt tot«, erklärten sie mir, wenn wieder einer im Fernseher starb, »die tun nur so.«

Nur in der Tagesschau gab es echte Leichen, aber das war ja auch das Viertelstündchen des Satans. »Alle anderen«, sagten meine Eltern, »spielen das nur, die stellen sich tot.«

Doch das konnte mir niemand weismachen. Die bluteten doch. (Und außerdem war der Scala immer noch das Reich Karl-Heinz Köpckes, auch wenn man ihn nicht sah, und der Teufel macht keine halben Sachen.) Überhaupt, das Sterben in den Western und Krimis war so scheußlich real. Ein Schuss fiel, und praktisch im selben Moment sagte der Getroffene:

»Arrrgh! Es hat mich erwischt.« Und dann starb er einen furchtbaren und qualvollen Tod. Da konnten Renate und Eberhard mir viel erzählen, ich wusste es besser. Und bei den Winnetou-Filmen zum Beispiel konnte ich oft nicht hinsehen. Sie waren ein einziges Gemetzel. Gottes Werk und Köpckes Beitrag.

Es war mein Opa, der eine andere Erklärung anbot. Pädagogisch wertvoll, versteht sich. Der Opa nahm mich ernst und sagte: »Ja, die sterben wirklich im Fernsehen, aber es sind Schurken. Sie haben es nicht besser verdient.«

Das war schon einleuchtender. Ich fragte genau nach, wie das alles so sei, das seien doch Schauspieler. Und der Opa erklärte mir, dass die Filmschurken im echten Leben Kriminelle seien. Mörder und Diebe, die zu lebenslanger Haft verurteilt in den Gefängnissen säßen. Man brauche aber eben auch Böse im Fernsehen und da nehme man eben Häftlinge. Da wäre es dann auch nicht so schlimm, wenn sie erschossen würden. Mein Opa hatte wirklich für alles eine Antwort parat.

»Die melden sich sogar freiwillig«, sagte er, »weil dann kommen sie mal raus aus dem Knast. Sterben oder lebenslang, wo ist da der Unterschied? Und der Anreiz für die Gefangenen ist ja auch nicht zu verachten. Weil, wenn sie durchkommen, wenn sie überleben, dann sind sie frei.«

Das lohnte sich, das sah ich ein. Und ich gebe zu, dass ich von da an die Winnetou-Filme mit etwas anderen Augen sah.

Manchmal fieberte ich regelrecht mit, mit Mario Adorf und den anderen Bösewichten.

»Kommt Jungs«, feuerte ich sie an, »ihr schafft das.«

Und wenn sie doch mit Blei vollgepumpt wurden oder in tiefe Schluchten stürzten, war es nicht so schlimm. Das ist die Strafe, so sagte ich mir, hättet ihr mal nichts ausgefressen früher. Jetzt müsst ihr zu Karl-Heinz Köpcke und büßen. Glücklicherweise traf es meist nur die ganz schlimmen Typen, und Winnetou war ja auch gerecht. Er gab ihnen eine faire Chance und knallte sie nicht einfach ab. Oft schoss er ihnen nur in die Beine. Und die Schurken waren dankbar:

»Merci, Winnetou, nur ins Knie, danke.«

Trotzdem war das alles nicht wirklich schlüssig, denn manchmal starben ja auch die Guten und irgendwann sogar Winnetou selbst. Da dämmerte mir, dass mein Opa vielleicht gelogen hatte. Ich versuchte mir noch einzureden, der Winnetou wird schon was angestellt haben oder der hat das nur gespielt. Auf jeden Fall ist mein Glaube ans deutsche Rechtssystem bis auf den heutigen Tag ein zwiegespaltener.

Und, nur um das abzuschließen: Der Tag, ich war Mitte zwanzig, der Tag, an dem Karl-Heinz Köpcke starb, war ein sehr, sehr seltsamer Tag.

Mein schönstes Ferienerlebnis

Früher konnte ich die Ferien nie genießen, wegen der Schule. Die war immer so präsent. Vor allem Deutsch. Der Deutschunterricht war das Schlimmste. Vor allem in den Ferien.

Als Schüler quälte ich mich die Hälfte meiner freien Zeit mit dem Gedanken an den zu Schulbeginn obligatorischen Deutschaufsatz »Mein schönstes Ferienerlebnis«. Ich habe es gehasst. Die ganzen großen Ferien klopfte ich auf Erlebnishaftigkeit ab. Ich konnte gar nichts mehr einfach so erleben. Ständig wummerte diese Frage im Hinterkopf: »Ist es aufsatzrelevant?«

Erlebte man mal etwas Schönes, zum Beispiel einen zweiten Platz beim Ferienpass-Malwettbewerb der katholischen Kirchengemeinde, wusste man nicht, ob das jetzt schon das schönste Ferienerlebnis war. Denn zwei Wochen später sollte es ja mit den Eltern auf diesen FKK-Campingplatz an der Riviera gehen, wo es in der Regel auch viel Schönes zu erleben gab, speziell im Bereich der menschlichen Anatomie.

Und dann war der Urlaub auf einmal vorbei, an die ersten Wochen konnte man sich nicht mehr erinnern, die menschliche Anatomie der freien Körperkultur war so spannend doch nicht gewesen, und eh man sich's versah, saß man rauchenden Kopfes über dem Aufsatzheft.

Diese linierten Hefte mit dem vorgegebenen farbigen Einband!

»Lasst Rand für die Korrekturen«, sagte die Lehrerin immer, »lasst Rand für die Korrekturen, am besten, ihr knickt einige Zentimeter ab.«

Und dann musste man auf die erste Linie »Mein schönstes Ferienerlebnis« schreiben, das mit einem farblich vorgegebenen Faber-Castell-Buntstift und dem Lineal zweimal unterstreichen, dann zwei Zeilen frei lassen und das Schönste, was man in den letzten Wochen erlebt hatte, zu Papier bringen. Ich meine, es war schon schwierig genug, mit den Buchstaben diese blöden Linien zu treffen, und nicht bei den vielen kleinen gs oder js in die tiefer gelegene Zeile abzurutschen, geschweige denn, sich an den Urlaub zu erinnern. Die Ferien kamen mir im Nachhinein regelmäßig grau und farblos vor, nichts hatte ich erlebt, nichts, nur wieder wertvolle Zeit meines Lebens vergeudet. Alle kritzelten wie wild in ihre Hefte, nur ich hatte nichts zu berichten. Mein Leben war so armselig, so langweilig, so kalt. Schon damals schwor ich mir: Wenn ich mal groß bin, fahre ich im Urlaub in die Schweiz und erlebe nichts!

Nur ein einziges Mal, ich erinnere mich genau, hatte ich wirklich was zu erzählen. Da habe ich mich die ganzen Ferien auf den Schulbeginn gefreut. Als wir dann den Aufsatz schreiben sollten, begann ich ohne zu zögern: »Diese Ferien ist mein Opa gestorben. Die Beerdigung war toll. Ich durfte so viel Cola trinken, wie ich wollte, und Pommes essen und ›Pacman‹ spielen am Automaten ...«

Es war wirklich toll gewesen, Eberhard und Renate

sprachen beim Leichenschmaus über den Opa, was für ein feiner Mensch er doch gewesen sei, »ein Nazi, sicherlich, aber ein feiner Mensch«, und wir kleinen Kinder bekamen, was wir uns wünschten. Das war das Entscheidende: Wenn Trauer herrscht, ist Pädagogik ausgeschaltet. Man will die Kleinen nicht noch mehr belasten. Wir Kinder haben das ausgenutzt und die verbotenen Sachen bestellt: »Kann ich noch eine Cola haben, bitte. Noch eine Cola, bitte. Bitte gleich fünf Cola noch. Und eine Cola, eine Cola, noch eine Cola. Kann ich noch eine Cola …?« Wurden die Eltern dann doch streng, reichte ein ganz leises:

»Der Opa hätte uns jetzt bestimmt noch eine Cola gekauft.«

Super. Abends waren alle rotzbesoffen, haben auf den Tischen getanzt und wir Kinder durften zum ersten Mal aufbleiben bis nach Mitternacht – wir waren noch ziemlich wach. Der einzige Wermutstropfen war, dass der Opa nicht mitfeiern konnte.

Ich erinnere mich gern an meinen Opa. Er hatte Zeit, war Kriegsinvalide und der Einzige, der sich so richtig um uns Kinder gekümmert hat. Er hat was mit uns unternommen, ist mit uns raus, in den Wald, ins Moor. Er hat uns gezeigt, wie man mit Fröschen spielt, und dass die auch rauchen können. Das war spitze. Der Opa hatte immer ein Päckchen Reval dabei, ohne Filter, er hat uns ziehen lassen und uns nicht verpetzt, was schon mal genial war. Und dann erklärte er uns das mit den Fröschen. Er nahm einen in die Hand, drückte ihn seitlich ein, dass sich die Lippen schürzten, und steckte die Kippe vorne rein. Dann paffte der Frosch richtig. Und bei jedem Zug blähte es den Frosch mehr auf, bis es ihn am Schluss zerriss. Das war klasse mit dem Opa.

Die Oma fand es nicht so gut, wenn uns der Opa wieder was beigebracht hat. Sie hat geschimpft. Und sie hatte viel Grund zum Schimpfen. Deswegen erinnere ich mich auch lieber an den Opa als an die Oma. Das hat sie jetzt davon.

Genau so habe ich das damals im Münchner Osten ins Aufsatzheft geschrieben. Ich bekam eine sehr schlechte Note.

Pfandkredit
THEUERKAUFF

Mitglied des Zentralverbandes des
Deutschen Pfandkreditgewerbes e.V.

Alles fing damit an, dass Katja Samuel kennenlernte. Den Sohn des Pfandleihers. Die Idee schien genial: Erwin und ich brachten die Sachen ins Pfandhaus, Samuel holte sie dort heimlich aus dem Schrank und brachte sie uns zurück. Auf diese Weise wogen wir das Playmobil-Piratenschiff und andere wertvolle Dinge in Barem auf. Samuel durfte Katja dafür küssen, ich war rasend vor Eifersucht, aber letztlich hatten wir alle etwas davon.

Die Schwachstelle des Plans war Herr Grohmaier, unser Deutsch- und Lateinlehrer. Als er uns von der Entstehung der Namen erzählte, von Omen, Macht und Diffamierung und davon, dass sich nach dem Krieg alle, die Hitler und Goebbels hießen, umbenennen durften, die Goldmanns und Theuerkauffs jedoch nicht, hielten wir es kaum aus vor schlechtem Gewissen.

Katja und Samuel selbst gingen schließlich zu seinem Vater und beichteten die Geschichte. Händchen haltend.

»Sie haben aber auch schöne Lippen«, sagte der lachend und, dass Tucholsky das so nicht gemeint hätte. Dann sang er:

»Küsst die Faschisten, wo ihr sie trefft«, und er wollte gar nicht mehr aufhören zu lachen. Mit dem Piratenschiff haben wir nie mehr gespielt.

Innerdeutsche Erfahrungen

Als ich Mitte der 80er zum ersten Mal in der DDR war und das erste Mal in einer Ostberliner Schnell-Fresse ein halbes Hähnchen aß, habe ich es nur wegen des Namens getan. »Broiler mit Sättigungsbeilage«, geile Sache das – vom Namen her, meine ich. An der Bezeichnung für das traurige Drumherum habe ich mich nie gestört, aber einen Hahn »Broiler« zu nennen, das machte mir mit meinen 15 Jahren die geteilte Heimat doch zu einer fleischlichen Erfahrung.

Und ich war damals oft im Osten, sieben Mal, um genau zu sein, um ganz genau zu sein: sieben Mal binnen eines Jahres, und jedes Mal habe ich die Zonenversion eines halben Hähnchens genossen.

An sich hatte ich überhaupt keinen Bezug zur DDR. Wir hatten keine Verwandtschaft dort und dem Eberhard und der Renate war der real existierende Sozialismus trotz K-Gruppe und Marx-Lektüre-Kreis reichlich schnuppe. Sicher, wenn meine Eltern die Nachbarschaft mal wieder zur Weltrevolution aufriefen, ließ Herr von Ginten schon mal ein gepflegtes »Geht doch nach drüben« über den Gartenzaun erschallen, aber das nahmen meine Eltern glücklicherweise nie ernst.

Die DDR spielte eigentlich keine Rolle, bis in der Schule Brieffreundschaften in Mode kamen. Speziell der Kontakt mit Gleichaltrigen, die in einem Unrechtsstaat geknechtet wurden, hatte was Superlässiges. Es war aber auch verrucht, mal ein *Bravo*-Heftchen in die Diktatur zu schicken – und die Pubertät tat das Übrige. Meine Brieffreundin lebte in Ostberlin und hieß Dagmar. Nach meinem ersten Besuch cancelten wir das *Brief*-, und die Sache nahm ihren gewünschten Gang.

Heute kann ich das ganz locker niederschreiben: Ja, ich wurde deutsch-deutsch entjungfert. Und danach gab's Broiler. Nur für Interessierte an meinem Privatleben: Es war richtig prima, mein erstes Mal. Dagmar sagte:

»Fein war's.«

Nicht mehr, aber auch nicht weniger. Ich habe das schon als Kompliment genommen, weil Dagmar weiter war als ich. Sie war fast 17, und Sex lief in der Zone ohnehin viel relaxter ab als bei uns. Man muss das systembedingt sehen, vor dem ersten Mal hatten die ja bereits einen Kindergartenplatz, da poppte es sich natürlich entspannter. Wobei wir solche Wörter 1985 nie sagten. Dagmar sagte zum Geschlechtsverkehr nicht etwa »vögeln« – was unserem postkoitalen Essritus weit näher gekommen wäre –, sondern »dubsen«. Dubsen – noch so eine innerdeutsche Erfahrung.

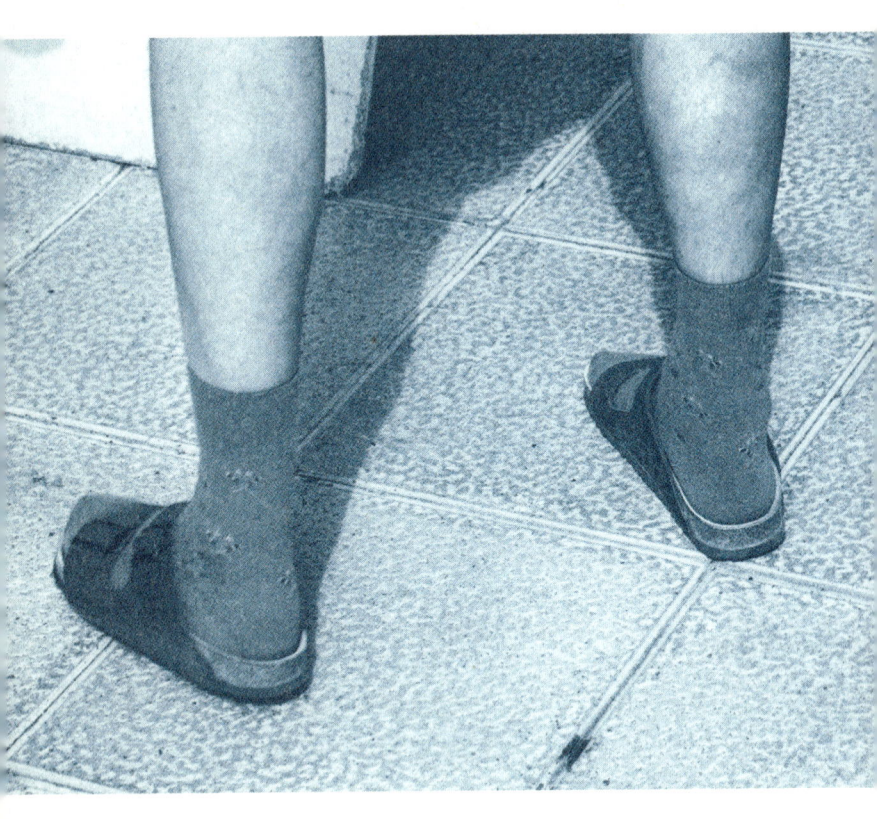

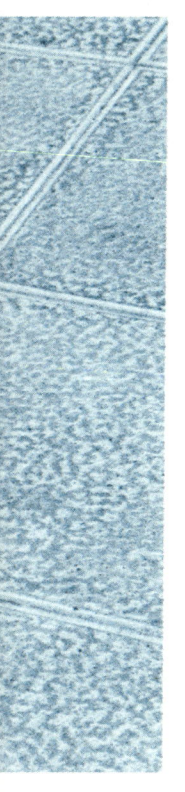

Die Pubertät ist nicht nur die Zeit, in der die Eltern anfangen, schwierig zu werden. Nicht nur die Zeit der ersten Liebe, der Verwirrung, des Schmerzes, nein, sie ist vor allem erst mal die Zeit des Körpers. Genauer gesagt, eines Teiles von ihm, der Beine.

Mit den Beinen geht es los, sie sind die Voraussetzung: Versteckenspielen, Fangen, Räuber und Gendarm, Fuß- und Völkerball, auch Ski fahren, Wandertag in der Gruppe, spazieren gehen zu zweit, später der Tanzkurs, und immer so weiter.

»Willst du mit mir gehen?«

»Kommst du mit auf die Party?«

»Darf ich dich noch ein Stück begleiten?«

»Gehen wir zu mir oder zu dir?«

Bevor man mit den Händen darf, braucht man die Beine. Und da ist der Haken: Image ist nichts, Schuhwerk ist alles. Und Socken darin sind immer scheiße – egal, welche Farbe.

Was das mit dem Bild zu tun hat? Mit mir? *A portrait of the artist as a young man.*

John Lennon war ein Schwätzer und ›Can't buy me love‹ eine gottverdammte Lüge. Wie sollte das gut gehen? Katja hatte Geld wie Heu und ich war chronisch pleite. Wenn wir ins Kino gingen oder auf die Kirmes, immer zahlte sie. Kaum ausgehalten vor Scham habe ich es, als sie mir im Café heimlich ein paar Mark für den Rosenverkäufer zusteckte.

Katja ließ sich in Gelddingen beraten, während ich mit meinem YPS-Metalldetektor die Gullis der Umgebung absuchte.

Zu dem jeweilig erwählten Jungen sagte sie: »Du darfst mich küssen, aber ohne Zunge.«

In dieser Hinsicht war Katja altmodisch: »Solange du nicht für uns sorgen kannst, läuft nichts.«

Eine bittere Erfahrung für einen Vierzehnjährigen. Vielleicht hätte ich auch jemand fragen sollen, der sich damit auskennt.

Flaschendrehen oder:
Der Tag, an dem ich Nena zersägte

Die Pubertät – das war nicht nur die Zeit der Schmetterlinge im Bauch, des Zettel-Schreibens, des Warten-dass-sie-anruft, nein, es war vor allem die Zeit der Partys oder der »Feten«, wie sie damals noch hießen.

Man traf sich freitags um 16 Uhr in einem den Eltern unzugänglichen, vom Sonnenlicht hermetisch abgeriegelten Hobbyraum. Ganz wichtig: Es waren immer exakt gleich viel Jungen und Mädchen anwesend. Das war natürlich eine Chance, aber auch eine Falle. Man musste sich frühzeitig orientieren, damit man am Schluss nicht die Arschkarte zog. Um 22 Uhr war finito, es blieben gerade mal lächerliche sechs Stunden, und weit mehr als die Hälfte dieser Zeit gingen für Blöd-Rumgestehe, Cola-Getrinke und Salzstangen-Geknabbere drauf, die Jungs hier, die Mädchen da.

Dann musste zu ausgesprochen gitarrenlastiger Musik, die sehr seltsam, aber dafür umso lauter war, herumgehüpft werden. Eine eigens installierte, dreilampige Lichtorgel nebst integriertem Stroboskop sorgte dafür, dass das nicht superscheiße aussah und man die gewünschten Zeitlupenbewegungen machte.

(Die Lichtorgel wurde übrigens immer von dem Jungen

mitgebracht, der zur Schule mit einem Koffer erschien, mit 70 000 Fächern, und der in der großen Pause immer Karten spielte. Dieser Junge wurde überhaupt nur wegen seiner Lichtanlage eingeladen. Das war sein großer Tag. Er sorgte auch für die seltsam laute, gitarrenlastige Musik und – das war sein eigentlicher Sinn und Auftrag – für das zu späterer Stunde benötigte, sorgsam ausgewählte Klammer-Blues-Mix-Tape.)

Was sich auf diesen Feten vor allen anderen Dingen ausbildete, war eine seltsame Logik, eine pubertäre Denkweise, die ich bis heute nicht losgeworden bin. Ich erklär's mal so:

Ich war in Mädchen A verliebt, aber Mädchen A war oft nicht auf den Feten. Mädchen B dagegen war immer auf den Feten. Auf der einen Seite sah Mädchen A natürlich unvergleichlich besser aus als Mädchen B, auf der anderen Seite war es auf den Feten dunkel. Selbstredend war Mädchen B strohdoof, dafür trug es einen BH, den Mädchen A nicht trug, außerdem war die ja auch gar nicht da. Ich hingegen wusste: Wer einen BH trägt, hat auch einen Busen! Aha. Ich liebte Mädchen A, knutschte aber mit Mädchen B. Dachte währenddessen allerdings an Mädchen A, was ging, weil es ja dunkel war. Dazu kam, dass ich noch gar nicht wusste, wie Knutschen eigentlich ging. Es war also nur mehr als gerecht, das schon mal zu üben mit Mädchen B. Für Mädchen A, in das ich ja eigentlich verliebt war. Das wusste Mädchen B natürlich nicht. Die Mädchen C bis G aber wussten das alle, und die erzählten das Mädchen B noch auf der Fete. Und Mädchen B erzählte es am nächsten Schultag natürlich brühwarm Mädchen A, das wiederum meine Argumentation gar nicht so logisch fand wie ich. Es war eine schwierige Zeit.

Man hatte so viel zu lernen. Küssen zum Beispiel. Nur aufzupassen bei Kussszenen im Fernsehen reichte nicht, man brauchte Praxis. Kuss war ja nicht gleich Kuss, der Weg führte vom Bussi auf die Wange, über den Kuss auf die Lippen, das Küssen mit offenem Mund zum Zungenkuss, dem Mysterium. Küssen war eine Wissenschaft, an die man spielerisch herangeführt wurde. O gnadenlose Laune pubertärer Natur, perfider Plan von list'ger Mädchenhand ersonnen: Flaschendrehen. *Von wegen auf den Geburtstagen würde nicht mehr gespielt,* Flaschendrehen war die Fortsetzung der Reise nach Jerusalem mit anderen Mitteln. Einen traf's und der war dran. Das ging mit den harmloseren Dingen los, etwas singen zum Beispiel. Doch so harmlos war das nicht, weil alle anderen zuhörten. Und zwischen coolem Imponieren und der Blamage bis auf die Knochen war es ein schmaler Grat. Der Flaschenhals deutete auf sein Opfer, das stand auf und wisperte: »O-ho-ho, you're in the army, now ...«

Aber dann ging's ans Küssen. Das war die Idee der Mädchen, die auch gleich die Regeln festlegten. Die Mädchen waren halt weiter und spielten gleich gar nicht mehr mit, sondern stellten sich zur Verfügung. Eine nach der anderen ließ sich küssen. Wer dies aber tun sollte, von den Jungs, wurde per Flaschendrehen ermittelt. Gläserner Zufallsgenerator, fatum malum, das Schicksal – powered by Coke. Herr, lass Abend werden, dachte ich, lass die Eltern kommen, mich abzuholen.

Küssen, mein Gott, richtig küssen, wie sollte das denn

gehen? Küssen, das hatte bestimmt auch mit geküsst werden zu tun. Mit dem feuchten Schmatzer, den mir die
Großmutter mütterlicherseits, wenn sie zu Besuch kam,
auf die Stirn klatschte, dass mir die kukidentgeschwän-
gerte Soße nur so über's Gesicht lief.

Und es gab ein weiteres Problem: Nicht nur die Kuss-
Technik mit ihren Schwierigkeitsgraden Wange, Lippen,
offener Mund und Zunge, nein – man musste beim Küssen eine Erektion bekommen. Hieß es, im Kreise der Jungs
auf dem Schulhof. Die Jungs redeten da sehr oft drüber,
auch die älteren, das konnte unmöglich ein Gerücht sein.
Kuss gleich Ständer, oder »Latte«, wie wir damals sagten.
Wer beim Küssen die erforderliche Erektion nicht be-
käme, so viel stand fest, war schwul, oder, schlimmer
noch, impotent.

Noch viel wichtiger sei natürlich die Penislänge, sagten
die Jungs, weil eine Erektion sei ja echt easy, eine läppische Sache. Und es gab tatsächlich einige, die das auf dem
Schulklo bewiesen. Auf Kommando bekamen die da eine
Bombenerektion hin. Die waren fein raus, dachte ich, die
konnten das beim Küssen bestimmt auch. Ich hingegen
sicherlich nicht. Noch nie hatte ich auch nur den Ansatz
einer Erektion, wenn mich die Oma küsste, und sehr viel
mehr Kusserfahrung hatte ich ja nicht. Überhaupt gelang
mir eine Erektion nie, wenn ich sie wollte. Im Gegenteil,
sie kam, wenn man sie am allerwenigsten brauchen
konnte, im Schwimmbad etwa. Und die Penislänge war
vernichtend.

Aber schwul war ich nicht, da war ich mir ganz sicher.
Ich schrieb doch mit Geha-Füller, das konnte also gar

nicht sein. Blieb das Problem mit der Impotenz. Das durfte nicht sein. Alles, nur das nicht. Ich begann mit eisernen Beim-Küssen-eine-Erektion-kriegen-Übungen. Aber die Großmutter kam einfach nicht oft genug zu Besuch. Ich benötigte andere Sparringspartner. Meinen Bruder konnte ich nicht fragen, das wäre dann doch eher kontraproduktiv gewesen.

Also investierte ich sehr viel Geld und noch mehr Zeit, bis ich endlich den ›Bravo‹-Starschnitt von Nena komplett hatte. Nena war unbestritten die sexyste Frau des Universums. Wenn es mit Nena nicht klappte, konnte ich einpacken. Woche für Woche lief ich zum Kiosk und erwarb die ›Bravo‹. Duran Duran, Spandau Ballet, Dr. Sommer – sie waren mir egal, entscheidend war der Starschnitt. Den trennte ich heraus: Nena-Füße, Nena-Beine, Nena-Wange, Nena-Augen, Nena-Arme, Nena-Schweißbänder. Irgendwann hatte ich sie zusammen. Ich schnitt die lebensgroße Ikone der Neuen Deutschen Welle aus, weil sie ja auch echt wirken sollte.

Weil man Papier aber schlecht im Arm halten konnte, klebte ich die ausgeschnittenen Nena-Teile mit Tapetenkleister auf alte Sperrholzplatten. Jetzt war dieses Sperrholz aber auf seine Aufgabe als Nena-Träger und Erektion-beim-Küssen-kriegen-Übungspuppe alles andere als vorbereitet. Es war viereckig, sperrig und vor allem viel zu klein. Ich benötigte allein vier Platten für Nenas Oberkörper und weitere drei für die Beine. Wieso eigentlich drei? Ich weiß es nicht, es war aber so. Mühsam schnitt ich das Holz mit der Laubsäge in Nena-gerechte Maße und hatte dann sieben Teile, welche noch miteinander verbunden werden mussten. Also bog ich ein paar rostige Winkel gerade und legte Schrauben und Muttern bereit. Was dann folgte, war weniger die Kreuzigung als vielmehr die Verschraubung eines Popstars. Nena hatte Schraubenmuttern in Armen und Beinen, im Hals und sogar im Gesicht. Allein, es war vollbracht. In unserem Keller lag eine spitzenmäßige Sperrholz-Nena und wartete auf mich.

Ich wuchtete sie gegen die Wand, legte die Kassette mit ›99 Luftballons‹ in den Recorder und begann mit dem Training. Sie zu küssen war gar nicht so leicht, Nena war einen guten Kopf größer als ich. Ich stieg auf einen Schemel und dann küsste ich Nena, wie sie definitiv noch nie in ihrem Leben geküsst worden war. Ich hauchte ihr auf die Wange und benetzte ihre Stirn, ich speichelte ihren Hals ein, und Jahre bevor Piercing überhaupt erfunden wurde, leckte ich die Schraube in ihrer Lippe ab.

Ich küsste sie oder tat zumindest einiges, was ich dafür hielt, bis meine Lippen wund waren, ich hatte Sperrholzsplitter im ganzen Gesicht, aber keine Erektion. Jetzt war es amtlich: Ich war impotent. Mein Leben hatte keinen Sinn mehr. Selbstmord, dachte ich, verabschiede dich von dieser Welt, aber tu es mit Würde. Ich zerlegte Nena wieder in ihre sieben Einzelteile und traktierte diese, damit mir wirklich niemand auf die Spur käme, noch mal mit der Laubsäge. Ich gestehe, ja, ich habe Nena zersägt.

Keine Erektion, versagt, vorbei. 14 Jahre alt war ich nur geworden, gestorben 1984, in Orwells Jahr, *Nineteeneightyfour*. ›KajaGooGoo‹ war Nummer eins in der Hitparade, mit Limahl!

»Too shy shy, hasch, hasch, eiduei.« (Ich weiß bis heute

nicht, was das heißt.) 1984. Friedensbewegung, Ostermärsche, die Grünen waren noch Pazifisten und gerade in den Bundestag eingezogen. Dort hatten sie als eine ihrer ersten Oppositionstaten erwirkt, dass die übermäßigen Impfungen an den Schulen zurückgeschraubt wurden. Weniger Schluckimpfungen in der Schule …

Schluckimpfung! Kinderlähmung! Ich rannte weg von Nena – oder zumindest von dem, was noch von ihr übrig war, ich rannte vom Keller hoch ins Wohnzimmer. Kinderlähmung! Irgendwo war doch dieses verdammte Merkblatt, »Kinderlähmung«, da war es. »Symptome: Müdigkeit« – ja, »Gedächtnisschwund« – aber hallo, »Schwierigkeiten beim Laufen«. Und dann las ich: »Potenzstörungen«. Schwarz auf weiß: »Potenzstörungen«. Wir hatten keine Schluckimpfung gehabt, 1984, in der Schule. Ich hatte Kinderlähmung! Deswegen war ich impotent!! Und die Grünen waren schuld daran!!!

All das schoss mir durch den Kopf, während die Flasche auf dem Hobbyraum-Basteltisch rotierte. Flaschendrehen mit Küssen als Preis und Schicksal. Wange, Lippen, offener Mund, Zunge. Nur noch wenige Minuten, und alle würden es wissen. Ich wollte aufstehen wie ein Mann und brüllen: Lasst ab von mir, quält mich nicht, ich habe Kinderlähmung! Aber ich konnte mich nicht mehr bewegen, die Krankheit war bereits in fortgeschrittenem Stadium.

Ich versuchte logisch zu denken: Katja Berger war nicht auf der Party, das Mädchen A wie immer abwesend. Mädchen B war schon dran gewesen, Bussi auf die Wange, Erwin Moser hatte seine Aufgabe mit Bravour gemeistert.

Auch Mädchen C und D waren durch, es blieben gerade mal vier Jungen übrig. Die Chancen standen 1:4, dem Zungenkuss zu entgehen. Die zu Küssende war Mädchen Z, Astrid von Ginten, die Nachbarstochter, ich nannte sie immer »Arschtritt von Hinten«.

»Lieber Gott im Himmel, bitte nicht Astrid, ich will auch immer artig sein, nie wieder will ich ...«

Die Cola-Flasche kreiselte, keine Einsätze mehr, bitte, rien ne va plus, die Flasche kreiselte schnell, langsamer, ruckelte, pendelte sich aus, stand. Gerettet – nein, sie wackelte noch – und der Schlund der Cola deutete auf mich. Das Ende. Der Zungenkuss.

»Mit umarmen!«, feixte irgendwer.

Von umarmen war keine Rede gewesen. Wie sollte denn das auch gehen? Anatomisch, meine ich. Astrid war zwar kleiner als Nena, aber nicht aus Sperrholz, im Gegenteil, dreidimensional, mit Brille. Mehr breit als hoch. Nein, das waren keine Brüste, wie Katja Berger sie hatte, das waren Waffen. Und Astrid machte Gebrauch von ihnen. Sie rammte sie mir in die Rippen, dass mir die Luft wegblieb, küssen oder geküsst werden, das war hier die Frage. Sie war die Prinzessin und ich nur ein kleiner impotenter Frosch. Sie hielt mich fest umschlungen und presste ihren offenen Mund gegen den meinen. Von Atemtechnik stand nichts in der ›Bravo‹, dachte ich, und japste nach Sauerstoff. Astrids Zunge schob sich Zentimeter um Zentimeter vorwärts und suchte nach der meinen. Ich war der Ohnmacht nahe und versuchte gleichzeitig, meine Zunge im eigenen Rachen zu verstecken. Doch Astrid kannte keine Gnade. Ich schmeckte Cola, Salzstangen und Odol. Wie zwei Ringkämpfer umwulsteten sich unsere Zungen, kraftvoll, unermüdlich, den anderen auf die Matte zu werfen. Keuchend, sabbernd, geifernd. Ich dachte an Nena, an Katja Berger, an meine Mutter, die Sekunden verstrichen, die Minuten, die Stunden, die Monate, die Jahre – und endlich ließ Astrid von mir ab.

In der Runde wurde anerkennend genickt, irgendwer applaudierte sogar. Das Flaschendrehen war vorüber. Der Junge an der Licht- und Tonanlage schob seine Kassette mit der seltsamen, gitarrenlastigen Musik ein und sofort bildeten sich Grüppchen. Die Mädchen hier, die Jungs da.

»Und – wie war's?«, wollte Erwin Moser wissen. Dann brach es auf mich herein.

»Starke Leistung, Mann.«

»Cool, Alter.«

»Voll der Brüller.«

»Kannst du mir das beibringen?«

Ich war der unumstrittene Meister in Sachen Zungenkuss.

»Ist echt easy«, sagte ich, »läppische Sache.«

Zum Glück war Katja Berger nicht hier. Hatte mich nicht mit Astrid von Ginten gesehen. Aber ich wusste jetzt, wie der Hase lief. Katja Berger würde Augen machen …

Und während mich die anderen noch bedrängten und ich den einen oder anderen wertvollen Tipp in Sachen Kusstechnik abgab, schob ich meine Hand unter den Pullover und tastete vorsichtig nach meiner Hose.

So viel stand fest: Kinderlähmung hatte ich nicht.

Some girls are bigger than others. Ich erinnere mich noch gut an das spöttische Grinsen, als uns der Tanzlehrer nahelegte, doch lieber andere Partner zu wählen. Nur weil sie zwanzig Zentimeter größer war als ich.

»Damenwahl«, sagte sie und »I was made for loving you, baby«, und beinahe küsste sie mich.

Wir legten die Smiths auf und tanzten die ganze Nacht hindurch. Im Liegen. Und ihre Mutter kam nicht ein einziges Mal ins Zimmer.

»Some girls' mothers are bigger than other girls' mothers.« Wahre Liebe übersteht selbst den Abschlussball.

Wir gingen einfach nicht hin.

Wie ich verweigern musste

Ein entscheidender Wendepunkt in meinem Leben war die Musterung. In vielerlei Hinsicht.

Zunächst einmal bekamen wir schulfrei. Alle Jungen der zehnten Klasse hatten einen Tag frei, natürlich nicht einfach so, sondern mit der Auflage, das Kreiswehrersatzamt in der Dachauer Straße aufzusuchen. Aber im Prinzip handelte es sich um geschenkte Zeit, und weil der Musterungstermin früh am Morgen angesetzt war, planten wir, den Rest des Tages in der Stadt zu verbringen und ordentlich einen draufzumachen. Glücklichen Umständen und dem Alphabet ist es zu verdanken, dass ich unter »J–M« und gemeinsam mit Harald Meyer und Erwin Moser auf Wehrtauglichkeit untersucht wurde.

Pünktlich betraten wir den mit allerlei medizinischem Gerät vollgestopften Raum. Eine etwas mürrische, ältere Frau schrieb unsere Namen in eine Liste und maß uns den Blutdruck. Wir wurden auf Lungengeräusche abgehört, gewogen und vermessen. Schließlich zog uns die Dame nacheinander die Hose runter und griff jedem mit sterilen Handschuhen an den Schwanz. Nicht dass ich mich vor meinen Freunden geschämt hätte, wir kannten unsere Geschlechtsteile und hatten sie schon des Öfteren auf dem Schulklo verglichen. Länge und Dicke wollten wir wohl wissen, aber dass sich der Staat auch dafür interessierte, war mir neu. Eine Erektion in diesem Rahmen wäre mir aber doch peinlich gewesen. Ich glaube, den anderen erging es ähnlich, doch der dicke Erwin entschärfte die Situation durch einen großartig dummen Spruch. Als er an die Reihe kam und die Frau auch ihm mit versteinerter Miene bei den Klöten packte, meinte er trocken:

»Ja hoppla, gute Frau, wissen Ihre Nachbarn eigentlich, was Sie tagsüber machen?«

Kurze Zeit später wurden wir mit den erwarteten Ergebnissen entlassen. Erwin und ich erhielten beide eine Zwei, Harald war untauglich. Wir fuhren in die Innenstadt und schlenderten nach einem kurzen Abstecher in einer Beate-Uhse-Filiale zum Hofbräuhaus, um den Tag gebührend zu feiern. Angeheitert und immer noch deutlich erotisiert, gelüstete es uns allerdings noch nach weiteren Abenteuern, und wir überlegten, was zu tun sei. Zur Wahl standen Roller-Disco und Kino. Wir entschieden uns für Letzteres und sahen uns aus Nostalgie zum x-ten Mal den Film ›La Boum‹ an, der damals über Jahre jeden Nachmittag im Cinema gezeigt wurde. Danach suchten wir eine weitere Kneipe auf und kamen am späteren Abend sehr betrunken und glücklich nach Hause.

Obwohl jetzt an sich alle Zeichen auf Onanie standen – ich hatte einen Rausch und war nicht zuletzt wegen Sophie Marceau sexuell mehr als stimuliert –, war mir überhaupt nicht danach. Ich schlappte auf mein Zimmer und dachte über die Musterung nach. Irgendwie ahnte ich, dass das ein gravierender Einschnitt war. Eine wegweisende Entscheidung stand an, so viel war sicher, welche genau, das wusste ich nicht. Ich onanierte doch und schlief ein.

An den darauffolgenden Tagen wurden meine Gedanken immer klarer. Es ging gar nicht so sehr um die Wahl zwischen Zivildienst und Bundeswehr, es ging um mein bisher gelebtes Leben, speziell um das Verhältnis zu meinen Eltern. Was spielte es schon für eine Rolle, ob man nun für ein paar Monate Soldat wurde oder nicht? In der Schule war das schnell erörtert. Wer Arzt oder Anwalt zum Berufsziel erklärte, sollte besser nicht den Kriegsdienst verweigern, lautete die offizielle Meinung. Also gingen alle, die später vielleicht BWL, Jura oder Medizin studieren wollten, zum Bund, und die anderen, denen die Zukunft eher egal war, sahen zu, wie sie ohne viel Aufwand an einen sicheren Verweigerungsschrieb kamen.

Mir aber fiel die Entscheidung ziemlich schwer. Bislang war ich der Ansicht gewesen, mich in deutlicher Ablehnung zu meinen Eltern zu entwickeln. Jeder fand seine Alten uncool, das war normal und notwendig. Eltern waren spießig, auf keinen Fall wollte man so werden wie sie. Für die anderen stellte das kein größeres Problem dar, Erwins Eltern zum Beispiel waren rechts, gingen in klassische Konzerte und legten Wert auf ordentliche Garderobe, da ließ es sich leicht rebellieren. Dass Erwin verweigern würde, stand außer Frage. Der Eberhard und die Renate dagegen waren Freaks, nahmen Drogen und hörten Rockmusik, da sah die Sache anders aus. Das konnte man peinlich finden, aber so richtig anders machen konnte man es nicht. Je länger ich darüber nachdachte, desto klarer wurde mir, dass ich, über den Daumen gepeilt, nach ihrem Bilde geriet. Ich las viel und hasste Mathe. Naturwissenschaften und Wirtschaft interessierten mich nicht die Bohne, und irgendwie links war ich auch. (Wobei *links* so viel hieß wie »die CSU blöd finden«.) Natürlich stritten wir viel zu Hause, aber insgeheim formten mich meine Eltern so, wie es ihnen passte. Und langsam begriff ich das auch.

Die Frage Bundeswehr oder nicht kam also zum richtigen Zeitpunkt. Für die Renate und den Eberhard war es ausgemachte Sache, dass ihr Kind den Dienst an der Waffe nicht antreten würde, sonst hätten sie ja alles falsch gemacht in ihrem Leben. Genau darauf baute ich. Ich wollte ein Zeichen setzen und meinen Eltern beweisen, dass ich von nun an meinen eigenen Weg gehen wollte. Da sie mich aber eigentlich immer untergebuttert hatten, musste ich mich sorgfältig vorbereiten. Lapidar zu erklären: »Ich gehe zum Militär«, war nicht drin. Ich wollte ihren Willen brechen und sie mit ihren eigenen Waffen schlagen. Ich beschloss, meine Entscheidung als einen Akt der Subversion zu begründen. Streng dialektisch wollte ich darlegen, dass gerade unter den Soldaten politisches Bewusstsein vonnöten sei und dass es heute, mehr denn je, wichtig wäre, das System von innen heraus zu verändern. Kaum hatte ich meinen Eltern den Entschluss kundgetan, wusste ich: Der Plan funktionierte. Ich traf sie ins Mark. Die Renate war erschüttert und so *enttäuscht.*

»Is' das der Dank? Wofür, Jess, wofür sind wir gegen Fietnam auf d'Straße gegangen? Sag mir des amal.«

Der Eberhard tickte vollends aus.

»I glaub', du spinnst. Soldat wirst du mir koaner, des geb' ich dir schriftlich. Schau, dass'd auf dein Zimmer kommst, und du bewegst dein' Arsch da erst wieder raus, wenn deine Verweigerung fertig ist. Verstanden?«

Alles lief wie am Schnürchen.

»Eberhard, ich will doch zur Bundeswehr, *weil* ich gegen den Krieg bin.«

»Was soll'n des für a Argument sein? I leg' mich doch ned mein Leben lang krumm, damit mein Herr Sohn ein Mörder werd. Abmarsch!«

»Aber Eberhard, gerade beim Militär braucht es doch denkende Menschen. Ich dachte …«

»Einen Scheißdreck hast du dir gedacht, Burschi. Du schreibst jetza deine Verweigerung, sonst schlag' i dich tot.«

Wieder waren sie im Begriff, mich zu besiegen. Ich bäumte mich auf.

»Was soll ich denn da überhaupt schreiben?«

»Des is' mir so was von wurscht. Von mir aus malst die Bergpredigt ab oder sonst was, aber zum Bund werd ned gegangen.«

Untergebuttert. Wieso setzten sich meine Eltern immer durch? War ich so ein Schwächling? Ich rannte in mein Zimmer und kämpfte mit den Tränen. Nein, so leicht ließ ich mich nicht unterkriegen. Ich schaltete den Atari an und tat, wie mir geheißen. Das wollten wir doch mal sehen. Als Erstes tippte ich die Bergpredigt ab, Wort für Wort. Dann ergänzte ich den Text mit eigenen Anmerkungen. Dass ich es für eine ausgesprochen absurde Idee hielt, nach einem Schlag auf die eine Wange auch noch die andere hinzuhalten, schrieb ich, und dass ich das auch noch nie gemacht hätte. Im Gegenteil, formulierte ich, als Kinder prügelten wir uns wie die Weltmeister, was denn sonst? Und überhaupt, schloss ich meine Ausführungen, sei »du sollst nicht töten« zwar Gottes Gebot, aber von Notwehr stünde nichts in der Bibel, und wo kämen wir hin, wenn in Deutschland nur Pazifisten rumliefen. Alles in allem war es eine reichlich indifferente Verweigerung, die man mir unmöglich durchgehen lassen konnte. Ohne meine Eltern zu fragen, schickte ich den Brief nebst einem tadellosen polizeilichen Führungszeugnis ab. Ich hatte gehorcht, aber gegen Dummheit halfen bekanntlich weder Pillen noch homöopathische Präparate. Da waren selbst der Eberhard und die Renate machtlos.

Es kam, wie es kommen musste, und man lud mich zur mündlichen Verhandlung. Meine Eltern impften mich rhetorisch gegen etwaige Fangfragen, doch bestehen musste ich allein. Und das wollte ich ja gar nicht, vor dem gestrengen Tribunal zu versagen, war ein Leichtes und zudem keine Schande. Ich würde mein Ziel erreichen. Komisch war das schon, man schrieb das Ende der 80er-Jahre, in Europa herrschte allerorten Entspannung, die Wiedervereinigung stand bevor. Jeder Depp schaffte es problemlos, den Kriegsdienst zu verweigern, nur ich musste als einer der Letzten seiner Art zur mündlichen Gewissensprüfung. Die Renate und der Eberhard waren aufgeregter als ich, sie wünschten mir Glück, und in Anzug und Schlips trat ich an.

Zum zweiten Mal besuchte ich das Kreiswehrersatzamt. Im Verhandlungszimmer erwarteten mich drei Männer, ein älterer mit grau meliertem Haar, der wohl das Sagen hatte, und zwei jüngere, die Schriftführer. Nebeneinander saßen sie an einem langen Schreibtisch, über ihnen hing die deutsche Flagge. In einer Ablage lag eine Kopie meines Verweigerungsschreibens. Der Vorsitzende bat mich, Platz zu nehmen, die beiden anderen nickten kurz.

»So, da sind Sie ja«, begann der Grauhaarige, »dann wollen wir mal, Herr Joch…«

»Jochimsen«, ergänzte ich eilfertig.

»Genau, da steht's ja, Herr Joachim.«

Hatte ich richtig gehört? *Joachim?* Mir gefror das Blut in den Adern. Wenn ausgerechnet jetzt die blöde Geschichte mit der Einschulung rauskäme, konnte ich das Militär vergessen. Ich zitterte.

»Was haben Sie denn, Herr Joch…, zum Teufel, wie heißt das?«

Fieberhaft überlegte ich – nur ein Name war richtig. Einen Kriminellen ließen sie nie zum Bund. Die Chancen standen fünfzig zu fünfzig, ich entschied mich dafür, ein letztes Mal das Verbrechen meiner Eltern zu decken.

»Joachim. Ich heiße Jens Joachim.«

»Wieso steht dann hier Joch… Jochimsen?«

Das war's. Aus die Maus. Ich sank in mich zusammen, doch der Vorsitzende blieb freundlich.

»Was ist denn? Wir haben doch noch gar nicht angefangen.«

»Es ist nur so«, stotterte ich, »dass mein Name oft falsch geschrieben wird, das ist alles.« Ich schöpfte neuen Mut.

»Nur nicht den Mut verlieren, Herr Joachimsen.«

»Nein, nein«, erwiderte ich. *Joachimsen* war der rettende Kompromiss.

»Herr Joch…«, setzte der Vorsitzende erneut an, »wie aus Ihren Unterlagen hervorgeht, wollen Sie nicht zur Bundeswehr.«

Meine Stunde:

»Doch, doch ich will schon, aber mein Vater …«

»Herr Joachimsen, das ist doch Ihr gutes Recht. Sie sind gebürtiger Münchner?«

»Äh ja. Aber Sie haben mich eben falsch verstanden. Ich *möchte* zum Bund, es ist nur so, dass mein Vater …«

»Ja, der Apfel fällt nicht weit vom Stamm, nicht wahr? Herr Joachimsen, wir sind uns doch einig, dass der Zivildienst eine gute Sache ist. Aber er ist, wie der Name schon sagt, in erster Linie vor allem, und deswegen heißt er ja auch so, Ersatzdienst. Schauen Sie, das deutsche Heer hat eine Sollstärke von 650 000 Mann. Das ist das Soll, und da stellt sich die Frage: Warum sollten nicht auch Sie?«

»Ja, eben!«, rief ich hocherfreut aus.

»Ich verstehe Ihre Beweggründe«, sagte der Vorsitzende, »ich verstehe sie nur zu gut. Herr Joach…, ich darf doch Jens sagen, oder? Sie stammen aus einem christlichen Elternhaus, Jens?«

»So christlich war das gar nicht. Ich habe die Bergpredigt nur abgeschrieben. Ich will ja eigentlich auch nicht …«

»Jens«, unterbrach er mich, »Sie sollten bedenken, Kriegsdienst ist erst einmal nicht mehr als ein Wort. Denken Sie doch auch an die anderen Möglichkeiten, die Ihnen die Truppe bietet. Lkw-Führerschein und eine Kameradschaft, wie Sie sie sonst nicht kennen.«

»Genau darum geht's mir ja«, frohlockte ich, »Leute treffen, und Führerschein wäre prima. Und mit dem Schießen habe ich auch keine Probleme, ich habe schon oft auf dem Schützenfest …«

»Langsam, langsam, Herr, äh, Jens. Das ist eine faire Verhandlung, und ich möchte nicht, dass Sie sich grundlos in Widersprüche verwickeln. Ich möchte Ihnen eine kleine Geschichte erzählen, wie sie sich in Ihrer Kindheit zugetragen haben könnte.«

Langsam begann ich zu resignieren.

»Da bin ich aber gespannt, ich könnte Ihnen auch einige Geschichten aus meiner Kindheit erzählen.«

»Treiben Sie es nicht zu weit, Jens. Also: Sie gehen im Wald spazieren, und wie Sie so gehen, werden Sie Zeuge folgender Begebenheit. Ein schwer bewaffneter russischer Soldat steht in etwa fünf Meter Abstand zu Ihnen, und in seiner Gewalt befindet sich Ihre Mutter.«

»Die Renate?«, platzte es aus mir heraus.

»Werden Sie jetzt bloß nicht frech, junger Mann. Dieser Russe ist im Begriff, Ihre Mutter zu vergewaltigen.«

»Da kennen Sie meine Mutter aber schlecht.«

»Halten Sie endlich den Mund!«, brüllte der Vorsitzende, »zufällig haben Sie ein Maschinengewehr dabei. Wie verhalten Sie sich?«

»Wie bitte?«

»Was tun Sie?«

Ich überlegte kurz, und dann sagte ich:

»Ich erschieße meine Mutter.«

»Herr Joachimsen, Sie können gehen.«

Die Würfel waren gefallen und das Ergebnis niederschmetternd: Für die Bundeswehr ungeeignet, zum Schießen zu blöd. Ich *musste* Zivildienst machen. Renate und Eberhard gratulierten mir in aller Form.

Unseren ersten Exhibitionisten trafen Erwin und ich im Hofbräuhaus. Er war sehr betrunken und erzählte uns, dass seine Frau ihn verlassen habe. Und dass er CSU-Mitglied sei und ein Zeuge Jehovas, was natürlich niemand wissen dürfe. Außerdem sei er mal Mittelstürmer gewesen. Und dass er sehr verliebt sei, erzählte er, und der CIA ihn auf dem Kieker habe. Auf jeden Fall müsse er das Land verlassen.

»Ich habe eine riesige Playmobil-Sammlung«, erzählte er, und dass er mit den Figuren minutiöse Fluchtpläne nachstelle.

Erwin und ich waren sehr beeindruckt. Trotzdem verließen wir das Lokal durch den Hinterausgang.

My personal fifteen minutes

Andy Warhol hat einmal gesagt, dass jeder Mensch für 15 Minuten berühmt sein würde, und ich glaube, jetzt ist es Zeit einzugestehen: Ich hatte mein Viertelstündchen schon. Es war im Mai 1989, ich befand mich auf Klassenfahrt in Bonn und traf – *den Kanzler*.

Einfach so. Auf offener Straße, ganz ohne Bodyguards kam Helmut Kohl des Weges, und ich wusste sofort, nie wieder in meinem Leben würde ich der Macht so nahe sein. Ich hätte ihn umbringen können, niemand außer meinen Mitschülern hätte es gesehen. Aber anstatt ihn zu töten oder zu küssen (der Gedanke schoss mir tatsächlich durch den Kopf), stand ich fassungslos da und starrte ihn an. Er war ganz anders als im Fernsehen, viel größer, massiver und kein bisschen tollpatschig. Ich war schlicht und ergreifend beeindruckt. Helmut Kohl, der personifizierte Übervater.

Unsere Lehrerin mit dem standesgemäß sozialdemokratischen Doppelnamen Bürmer-Lechler eilte herbei, begrüßte ihn und erklärte, dass es sich bei uns um einen Sozialkunde-Leistungskurs aus München handelte. Der Kanzler entgegnete weltmännisch:

»Das macht doch nichts.«

Und er nahm uns mit in sein Büro. IN SEIN BÜRO! Dort,

im Zentrum der Politik, in der Schaltzentrale der Macht, durften wir ihm eine Frage stellen. Der Kanzler war bereit, sich mir zu offenbaren. Fieberhaft überlegte ich, versuchte krampfhaft, all das pubertäre Gedankengut aus meinem Hirn zu verdrängen, allein, weder eine Liebeserklärung noch eine ausgeklügelte politische Fangfrage noch ein Witz (»Herr Kohl, was machen Sie eigentlich beruflich?«) kamen über meine Lippen. Ausgerechnet Harald Meyer stellte dann unsere, ja, *die* Frage:

»Macht es Spaß, Bundeskanzler zu sein?« Mehr war nicht drin.

Helmut Kohl aber verzog keine Miene, sah uns sehr ernst an und antwortete:

»Wisst ihr, nachts, wenn die Nation schläft, sitze ich hier allein in diesem Büro. Ich schaue die Goldfische in meinem Aquarium an und denke an Deutschland.«

Ich schwöre, er hat das so gesagt, und ich war verdammt noch mal ergriffen.

Wir machten dann noch ein Gruppenfoto. Darauf sitze ich auf dem Boden, zu Füßen des mächtigsten deutschen Mannes. Mein Gott, sah ich scheiße aus Ende der 80er. Man kann von Glück reden, dass das Bild schwarzweiß ist, ich trug umgekrempelte Jeans, Turnschuhe, weiße Socken, eine braune Wildlederjacke und darunter ein rosa Muskelshirt. Ich war gerade volljährig, was diesen Aufzug keinesfalls rechtfertigt. Im Gegenteil. Wenn man ehrlich und objektiv bleibt, ist Helmut Kohl der einzig halbwegs anständig angezogene Mensch auf dem Bild.

Das Foto wurde übrigens ein paar Tage später in der Lokalzeitung veröffentlicht, und meine Eltern haben sich in Grund und Boden geschämt. Herr von Ginten kam herüber, mit der Zeitung in der Hand, und sagte zu meinem Vater:

»Mit Herrn Dr. Kohl auf einem Bild! Auf Ihren Jungen können Sie stolz sein. Das ist doch Ihr Sohn, werter Nachbar?«

Und der Eberhard antwortete:

»Des is' nicht mein Sohn.« Die Renate weinte.

Aber das Foto ließ keinerlei Raum für Lügen. Ich sitze da, und mein Gesicht zeigt das unsichere Lächeln eines kleinen Jungen, der den historischen Moment erahnt. Und direkt hinter mir steht der Kanzler und trägt das Gewicht der Welt. Ich habe ihn im Übrigen nie gewählt, noch nicht einmal gemocht, und doch blieb mir haften: Seine Fische und ich wissen, wie er wirklich ist.

Und dann, an der Schwelle zur neuen Zeitrechnung, stellte sich heraus, er war ein ganz gewöhnlicher Krimineller. Auch wenn es total albern klingt: Irgendetwas ist in mir kaputtgegangen. Oder auch wieder ins Lot gekommen.

Geschützter
Landschafts-
bestandteil

Alles, was wirklich von Belang war, habe ich im Wald gelernt. Die Angst zu überwinden, wenn es dunkel wurde. Die Stille zu suchen, wenn man sie nötig hatte. Die Pfade zu verlassen, wenn sie ausgetreten waren. Ich lernte, dass die Räuber ganz woanders sind, dass ein Kompass besser ist als Brotkrumen und dass man von Ameisenpisse doch nicht stirbt.

Und dass Schweizer Messer wirklich wehtun – wenn man sie im Hosensack hat und dann genau da drauffällt. McGyver, du Penner, wann hast du das letzte Mal ein Herz in die Rinde geritzt?

Wer kann es vergessen, das erste Feuer, das erste Versteck?

Der Wald, und nicht die Welt, war der beste aller Orte.

Mit Katja bin ich einmal dorthin abgehauen. Wir schafften Vorräte ins Baumhaus. Wir griffen nach den Sternen. Wir trugen Eulen nach Athen.

Heute ist das längst verboten.

Ein Traum
von Äpfeln

Ohne die Bärenmarken-Oma, glaube ich, hätte ich meine Kindheit nicht überlebt.

Ich meine damit nicht nur die traumatische Geschichte mit der Dosenmilch. Irgendwie fühlte sich meine Großmutter väterlicherseits für mich verantwortlich. Sie hielt zu mir, wenn meine Eltern auf irgendeinem Trip waren, sie kümmerte und sorgte sich um mich. Jedes Mal, wenn uns die Oma besuchte, normalerweise war das einmal die Woche, ging es mir gut. Das begann schon mit ihrem Eintreten. Grußlos und resolut kam sie rein, durchquerte ohne ein Wort zu sagen den Flur der Kommune, betrat das Wohnzimmer und schaltete den Plattenspieler aus. Die Pink-Floyd-Rundumbeschallung war zu Ende.

Als Nächstes nahm sie mich beiseite, gab mir einen Kuss und etliche Äpfel. Ich denke, sie hatte schlicht und einfach Angst, dass ich verhungern könnte. Denn kaum hatte sie auch meine Eltern – ohne Kuss – begrüßt, griff sie erneut in ihre Tasche, um mir ein paar weitere Äpfel zu reichen.

»Wegen der Fitamine«, sagte sie, und ich wunderte mich, dass sie so ähnlich sprach wie die Renate, wo sie doch die Großmutter väterlicherseits war. An Vitaminen mangelte es mir auf jeden Fall nie, und immer wenn sie uns verließ, steckte sie mir nochmals einige Äpfel zu.

»Damit du ned krank wirst«, lächelte sie und ging.

In der Tat war ich als Kind meistens kerngesund. Die Oma dagegen nicht. Eigentlich war sie dauernd krank, wahrscheinlich weil sie selber nicht genug Äpfel aß. Ich glaube sogar, dass meine Oma ihr gesamtes Leben lang keine Äpfel gegessen hat. Sie hortete sie, um sie mir mitzubringen. Manchmal denke ich, dass ich nicht ganz unschuldig bin am Tod meiner Großmutter. Obwohl ich mir natürlich nicht wirklich sicher sein kann, ob da tatsächlich ein Kausalzusammenhang zwischen Apfelkonsum und Koronarthrombose bestand. Daran litt meine Großmutter nämlich. An Koronarthrombose. Tragisch ist, dass sie gar nicht wusste, was das war. Wolfgang Hildesheimer hatte sie nie gelesen, und doch hielt sie die Koronarthrombose für ein spätbarockes Blasinstrument – bis sie eine hatte.

Vielleicht mochte die Dosenmilch-Oma aber auch einfach kein Obst, und deswegen habe ich die Äpfel und sie die Koronarthrombose gekriegt. Das würde zumindest meine Schuld etwas relativieren. Die Großmutter war ja auch schon ziemlich alt, als sie krank wurde. Sie führte ein Leben zwischen Medikamenten und dem Kukident-Becher und konnte streng genommen nicht mehr so kraftvoll zubeißen. Das sieht ziemlich unsexy aus, wenn man kraftvoll in einen Apfel beißt, und dann hängt das Gebiss in der Frucht. Da verzichtet man schon mal auf die Vitamine und nimmt den Tod durch Koronarthrombose billigend in Kauf. Aber Äpfel wollte sie ja keine, meine Großmutter. Dabei hätte es einer pro Tag wahrscheinlich getan, *an apple a day keeps the doctor away.*

Als sie dann sehr krank war und nicht mehr aufstehen konnte, besuchte ich sie. Ich saß an ihrem Bett und versuchte sie zu überreden, vielleicht doch mal einen Apfel zu essen. Ich bot ihr sogar an, ihn klein zu schneiden, aber sie wollte nicht.

»Iss du, damit was werd' aus dir«, sagte sie.

So ist das gewesen mit meiner Großmutter väterlicherseits – und ein unscheinbarer Apfel entschied dann über Leben und Tod.

Es waren übrigens immer Granny Smith, die mir die Oma mitbrachte, das musste so sein, das gehörte zum Konzept. Bio-Äpfel, mit braunen Flecken und Dellen, wären ihr nie in die Tüte gekommen. Sauber, hygienisch und giftgrün mussten sie sein, Granny Smith eben.

Meine Oma wusste schon, was sie tat. Die Renate tobte regelmäßig und zwang mich, die Äpfel mehrmals zu waschen und die lackartige Politur abzuschrubben, dabei hatte ich so eine Freude daran, mich in ihnen zu spiegeln. Sterben könnte man an dem Zeug, das die da draufspritzen, sagte die Renate, aber das stimmte gar nicht. Sterben musste man nur, wenn man gar keine Granny Smith aß, Großmutter Schmidt auf Deutsch, was fast schon gemein ist. Die Natur kann manchmal zynisch sein. Vielleicht wussten die Argentinier, als sie den Granny Smith erfunden haben, nichts vom Großmutter-Apfel-Problem oder konnten zu wenig Englisch, aber ich finde, es hätte auch weniger verletzende Namen gegeben.

Eigentlich erzähle ich das Ganze hier nur, weil mein Abnabelungserlebnis im weitesten Sinne ein Granny-Smith-Erlebnis war. Ich durchlebte eine Phase des Erwachsenwerdens, in der meine Eltern anfingen, schwierig zu werden. Sie befanden sich irgendwie im Übergang von 68ern zu Alt-68ern, auch optisch. Der Knackpunkt daran war, dass ich mich just zu dieser Zeit für Kunst zu interessieren begann. Meine schulischen Leistungen ließen nach, und ich gab mich Tagträumen hin. Das korrekte Wort aus der Erwachsenensprache lautet wohl »Schlendrian«. Ich glaube, mittlerweile haben sich der Eberhard und die Renate damit abgefunden, dass ich trotz Studium nur Komiker geworden bin. Immer noch besser als Kellnern, aber damals verschwendete ich ans Kabarett noch keinen Gedanken, zumal diese Kunst von meinen Erzeugern hoch geschätzt wurde. Nein, ganz pauschal wollte ich Künstler werden, und das schmeckte meinen Eltern kurioserweise überhaupt nicht. Sie selbst waren zwar Freaks, aber der Sohn sollte es doch zu etwas bringen. Kurz gesagt, wir lebten in einer Zeit gravierender familiärer Anspannung.

Wer jemals als Jugendlicher den Drang verspürte, Künstler zu werden, weiß, wovon ich spreche, das war kein Spaß für alle Beteiligten. Ich zog nur noch diese eng anliegenden schwarzweiß gestreiften Hosen an, trug die knöchelhohen Allround-Turnschuhe und übte mich im Jonglieren. Mit der Jonglage geht es immer los! Natürlich achtete ich darauf, dass meine Eltern nichts merkten, sie würden es noch früh genug erfahren, wenn Frank Elstner mich als Jongleur-Weltmeister zu ›Wetten, dass …?‹ einlud oder so. Bis dahin aber musste ich hart arbeiten und tat dies bei der Bärenmarken-Oma. Nie im Leben wären die Renate und der Eberhard darauf gekommen, dass ich mich bei der Großmutter im Jonglieren übte.

Dabei lag das doch auf der Hand. Weil ich kein Geld hatte, um mir echte Bälle zu kaufen, trainierte ich mit Äpfeln, und von denen gab es genug bei meiner Oma. Sie schmiss mir die Äpfel zu, dann musste sie sie schon mal nicht essen, ich fing sie auf und jonglierte mit ihnen. Erst mit dreien, später sogar mit vieren. Am Anfang fielen natürlich noch viele zu Boden, aber Granny Smiths sind sehr robust, und erst nach mehrmaligem Runterfallen waren sie unbrauchbar und wurden zu Kompott verkocht. Ich habe die heimlichen Übungsstunden bei meiner Großmutter geliebt, wir hatten ein großes Ziel und ein kleines Geheimnis. Mit der Zeit wurden wir richtig gut, ich entwickelte mich zu einem sicheren Fänger, und die Oma wurde zu einer spitzenmäßigen Werferin. Obwohl sie gar nicht Künstler werden wollte, hätten wir auftreten können.

Irgendwann kamen meine Eltern dann aber doch dahinter. Eines Nachmittags, sie waren ohnehin schon sauer auf mich, weil ich eine Deutsch-Probe über Friedrich Schiller in den Sand gesetzt hatte, schauten sie auf einen Sprung bei der Oma vorbei und entdeckten uns inmitten der Granny-Smith-Performance. Und ich erhielt eine satte Abreibung.

»Dà steckst du also immer. Null Ahnung vom Wilhelm Tell, aber mit Äpfeln umanander schmeiß'n«, giftete die Renate. »Was machst'n da überhaupt mit dem Obst? Soll des Kunst sein, oder was? Des is' was zum Essen. D'Oma wär früher froh g'wesen, wenn's einen Apfel g'habt hätt'.«

»Aber Renate«, verteidigte ich mich, »die Oma mag doch überhaupt keine Äpfel.«

»Des sind koane Äpfel«, brüllte der Eberhard, »des sind Nahrungsmittel!« Er bemerkte diesen Widerspruch noch nicht einmal, so außer sich war er vor Wut. »Du spielst da fröhlich mit'm Essen, und in Afrika ham die Negerkinder nichts zu rauchen. Wann fangst du endlich an, nachzumdenken? Und überhaupts, woaßt du eigentlich, wo diese Scheißäpfel herkommen, ha? Aus Lateinamerika kommens, Burschi, aus einer Militärdiktatur. Aber des is' dir ja wurscht, jetza ..., ach – des is' doch nicht mein Sohn!«

Ich verstand überhaupt nichts mehr, ging es nun um die Granny-Smith-Jonglage oder ums Essen? Regten sie sich so auf, weil ich mit den Äpfeln herumspielte? Weil ich Künstler werden wollte? Weil ich etwas hinter ihrem Rücken tat? Weil mir Politik egal war? Weil ich die Großmutter liebte und nicht sie? Ich wusste nur eins, sie meinten es verdammt ernst. Der nackte Zorn stand ihnen ins Gesicht geschrieben. Es war nicht dieser »Ohne Abendbrot ins Bett«-Blick, meine Eltern waren zutiefst verletzt. Verletzt und enttäuscht. Irgendetwas musste da schon lange gegärt haben, was jetzt zum Ausbruch gekommen war. Aus der zeitlichen Distanz betrachtet, war diese Geschichte doch eigentlich eine Lappalie, aber sie löste etwas aus, eine Veränderung, die uns alle betraf, die jedoch keiner so recht begriff. Es war, als würde mit einem Mal die ganze Familie erwachsen, nur für ein paar Minuten zwar, aber man konnte es spüren.

Manchmal ist es merkwürdig, welche nebensächlichen Geschichten plötzlich umschlagen in Schmerz, der sich kaum noch lindern lässt. *Nur was nicht aufhört, wehzutun, bleibt im Gedächtnis.* Ich habe einen ähnlichen Streit später nur noch einmal erlebt, als es um die Wehrdienst-verweigerung ging, aber ich glaube, es war die Episode mit den Äpfeln, nach der wir begannen, einander behutsam loszulassen. Ganz vorsichtig natürlich und unendlich langsam. Den Wunsch, Künstler zu werden, begrub ich allerdings für lange Zeit, nur geträumt habe ich, über Jahre hinweg immer denselben Traum:

Ich laufe durch eine menschenleere, graue Öde. Ich laufe und laufe und gelange schließlich an einen Baum. Unter dem sitzen der Eberhard und die Renate, wie in einer *Film-noir*-Ausgabe des Paradieses, als traurige Abziehbilder von Adam und Eva. Sie sitzen da, mit ausdruckslosen Augen, und schweigen. Über ihnen, an einem ansonsten völlig kahlen Ast, hängt ein leuchtend grüner Granny Smith. Der einzige Farbfleck weit und breit. Es ist, als würde der Apfel meinen Eltern Angst einjagen. Meine Eltern entdecken mich, und ich sehe mich im Traum selber. Ich bin noch ganz klein und trage mein Winnetou-Kostüm. Die Renate springt auf, pflückt den Apfel und wirft ihn mir lachend zu.

»Null Ahnung vom Wilhelm Tell, aber mit Äpfeln umananderschmeiß'n.«

Ich lege den Granny Smith auf meinen Kopf und der Eberhard hält auf einmal eine Armbrust in der Hand.

»Mit Waffen, Burschi, mit Waffen wird ned g'spielt!«, ruft er und lacht ebenfalls. Aber er schießt nicht. Ich stachele ihn an:

»Trau dich doch, trau dich doch. Schieb es jetzt nicht auf deinen Pazifismus. Du sollst ja nicht mich treffen, sondern den Apfel.«

Im Traum denke ich schmollend: Wenn ich tot bin, dann wird es dir verdammt leidtun. Dann wirst du schon sehen. Wenn morgen die Welt untergeht, würdest du heute noch ein Apfelbäumchen pflanzen. Einen Granny-Smith-Baum. Der Eberhard sagt: »Des is' doch nicht mein Sohn!«, und drückt ab. Mit einem Schlag wird alles bunt. Meine Großmutter väterlicherseits schaltet den Plattenspieler ein, und es erklingt in bombastischer Lautstärke Pink Floyd. Mit einem Dosenmilchdosenpikser als Taktstock dirigiert sie das imaginäre Orchester, und die Band noch übertönend singt sie: »Beiß nicht gleich in jeden Apfel, er könnte sauer sein.«

Dann wache ich auf.

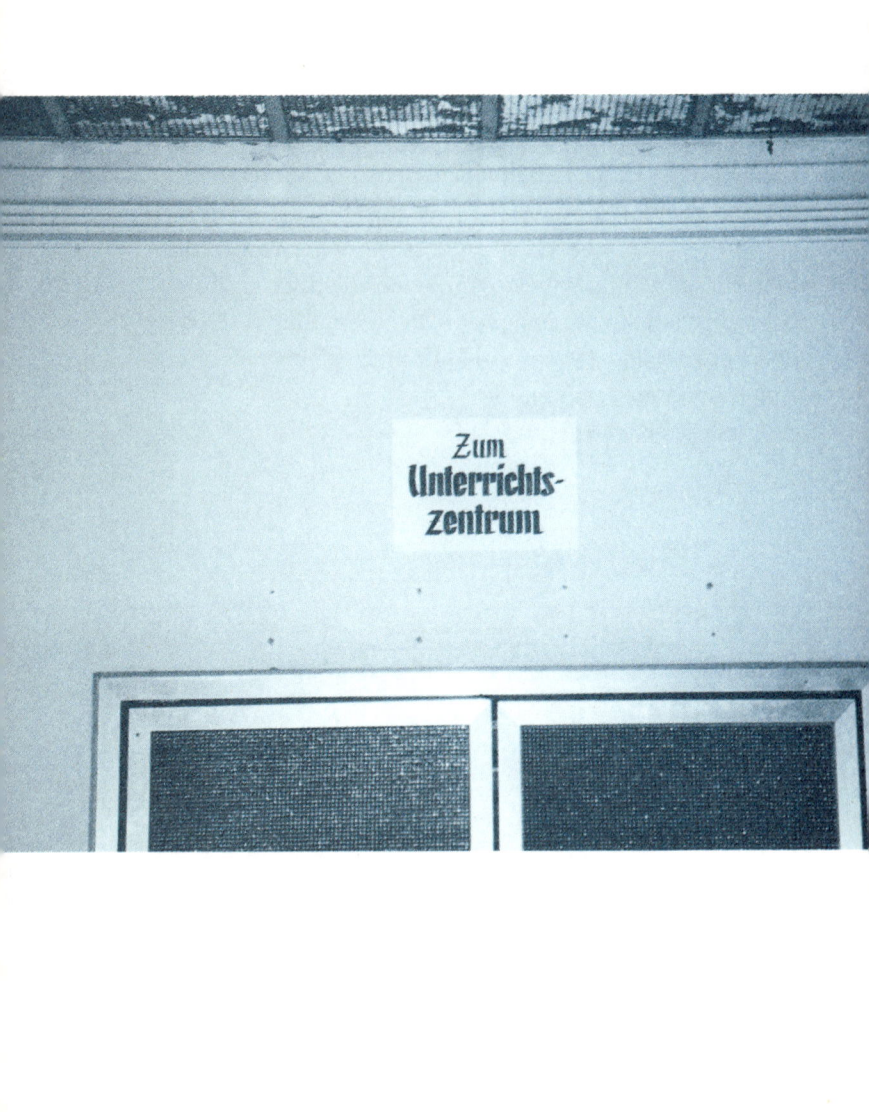

Zum
Unterrichts-
zentrum

Aber gut sah sie schon aus.« Keine Ahnung, wer auf die bekloppte Idee kam, das »Lernziel Drittes Reich« ausgerechnet halbwüchsigen Schülern näherbringen zu wollen.

»Von der Bettkante hätte ich die Sophie Scholl nicht geschubst«, sagte Wolfi.

»Aber vom Wachturm schon, du Nazi«, meinte ich, dachte dabei aber an Katja.

Die guckte weg. Pubertät und Widerstand.

Graf Stauffenberg, des Lehrers liebstes Kind:

»Über Jahre waren das stramme Faschisten«, sagte Erwin, »und dann kriegen sie noch nicht mal 'ne anständige Bombe hin.«

»Gewalt ist eh keine Lösung«, murmelte Astrid.

Katja kritzelte »Spandau Ballet« aufs Mäppchen. »Ob Eva Braun den Hitler geliebt hat?«

Aua.

Wir gingen aus dem miefigen Schulungsraum, und Astrid ließ die Luft aus Katjas Fahrrad.

»Findest du Sophie Scholl auch sexy?«

Was für eine Frage!

Die Schlacht

Natürlich habe ich diesen Traum geträumt, jahrelang, wie alle Jungen. Immer wieder den gleichen universalen Buben-Traum: Es steht 1:1 im Finale, die letzte Minute der Verlängerung läuft. Bloß kein Elfmeterschießen, alles, bloß das nicht. Wir geben unser Letztes, die Mädchen an der Seitenauslinie feuern uns an. Und plötzlich der dicke Erwin Moser, er schlägt den Ball hoch in den Strafraum, ich sehe ihn kommen, gehe in Position, ich krieg' ihn, ich krieg' ihn, doch Wolfi – der fieseste Junge aus der 6b – rempelt mich um. Wolfi, der sich immer damit brüstete, er würde mit Katja Berger gehen. Die Drecksau schubst mich einfach! Aber im Fallen bekomme ich den Ball noch so gerade auf den Schlappen. Auf den schwächeren linken Fuß, wohlgemerkt. Und ein grobes Foul ging voraus, wohlgemerkt. Und Wolfi ist zwei Köpfe größer als ich, wohlgemerkt. Trotzdem: Fallrückzieher wie aus dem Lehrbuch. Und der Ball kracht volle Lotte in den Winkel. Rechtes Kreuzeck. Noch im Fallen höre ich den Tor!-Schrei der anderen, und sofort versuche ich einen Blick von Katja Berger zu erhaschen, die auf der Tribüne sitzt. Der Rest ist Jubel. Die Schlacht geschlagen, der Traum geträumt.

Und doch ärgere ich mich. Im Traum ärgere ich mich: Wieder kein Kopfballtor, träume ich. Wieder keinen gottverdammten Köpper. Ein Mal, ein einziges Mal möchte ich meine 1,40 Meter hoch in die Lüfte schrauben und den Ball in die Maschen köpfen, träume ich. Wie der kleine Wiggerl Kögl damals oder, noch besser, wie Calle Del'Haye, der semmelblonde, quirlige Außenstürmer, dem man das niemals zugetraut hätte. Einmal möchte ich die Angst überwinden, die Angst vor der tonnenschweren Lederkugel, die mir definitiv den Schädel spalten wird, sobald sie meine Stirn berührt, die mir die Knochen mühelos durchschlagen, mein Jochbein zersplittern und die Augen tief ins Hirn treiben wird. Ein Mal nur. Ich glaube, es ist die Undankbarkeit den eigenen Träumen gegenüber. Selbst im Schlaf weiß ich es. Ich weiß es einfach: Ein Fallrückzieher ist nicht drin. Träum keinen Scheiß. Mach dir nichts vor. Du kannst noch so viele Hanuta-Sammelbildchen auf deine Schrankwand pappen, es wird nichts ändern. Mit deinen dürren X-Beinen kannst du dich doch kaum aufrecht halten, du Bewegungslegastheniker. Spiel Mikado oder bastel was Schönes, aber was willst du auf dem Rasen?

Es stimmt, mit meinen Händen bin ich nicht ungeschickt, nur mit denen darf man nicht beim Fußball. Die Hände, die Arme, ja, aber die Beine gehören nicht zu meinem Körper. Meine Beine sind Fremdkörper. Ich habe sie nur geliehen oder geklaut. Ich habe die Beine von Clara. Aus ›Heidi‹. Die »Heidi, deine Welt sind die Berge«-Heidi. Clara hat gerade ihre Kinderlähmung überwunden und übt mit Heidi ihre ersten Schritte. In dem Moment stehle ich ihr die Beine. Ich stakse fortan mit Claras Beinen durch die Welt und sie muss zurück in den Rollstuhl.

Ein Fallrückzieher ist nicht drin. Aber ein Kopfball, ein einziger Kopfball sollte doch möglich sein. Einfach richtig stehen und die Rübe hinhalten. Der Held sein und keine Angst mehr haben. Wie Hansi Pflügler. Der Abwehrrecke des FC Bayern, der mit den zwei linken Füßen. Wie er in der letzten Minute im Derby einfach loslief. Da war kein Ball, kein Gegner, kein Plan, nichts. Er lief einfach los. Vom eigenen Tor lief er los, stangengerade über die Mittellinie in die andere Hälfte. Sah nicht links, nicht rechts. Nur auf seine Füße. Als ob er fürchtete hinzufallen. Über den ganzen Platz lief er, das war ganz schön weit, in den gegnerischen Strafraum hinein, lief er. Und auf einmal war da der Ball, er knallte ihm auf den Kopf und von da ins Tor. Fertig.

Die Kommentatoren waren außer sich. Waldemar Hartmann überschlug sich förmlich beim Interview: »Herr Pflügler, das war Wahnsinn. Hansi, wie haben Sie das nur gemacht?«

Der Held schwieg.

»Hansi Pflügler, welch eine Variante. Haben Sie den Spielzug im Training geübt?«

Schweigen.

»Herr Pflügler, einmalig, wie Sie den Gegner förmlich überrumpelten mit Ihrem Sprint über den ganzen Platz. Dann die Flanke von außen, präzise, perfekt. Und Ihr Kopfstoß, Herr Pflügler, schulbuchmäßig, wie Sie hineingingen. Spannung im Oberkörper, den Kopf gerade und mit der Stirn gedrückt. Sagenhaft. Wie war das für Sie? Hansi?«

»Herr Pflügler, wie war das für Sie? Ihr Lauf? Die Vorlage?

Der Kopfball? HANSI!«

Und Pflügler sagte: »I bin g'laffa. Der Ball is' kemma und i hobn neig'macht.«

Nicht mehr und nicht weniger.

»I bin g'laffa. Der Ball is' kemma und i hobn neig'macht.« Und er zwinkerte in die Kamera. Zu mir. Als wollte er sagen:

Siehst du, es geht. Ich bin nicht hingefallen beim Laufen und mein Kopf ist auch noch ganz. Wenn ich es schaffe, kannst du es auch. Denk an Katja Berger.

Ich wollte von Hansi Pflügler träumen, verdammt. Aber nein. Meine gesamte Kindheit hindurch träumte ich Fallrückzieher. Komplett illusorische, größenwahnsinnige, bescheuerte Fallrückzieher-Träume. Der dumme Junge, der die Lederkugel noch mehr fürchtete als den Gegner, der den Kopf einzog, wenn er nur an Fußball dachte – träumt Fallrückzieher. Pflügler, du Depp, Hansi Pflügler – nicht Klaus Fischer. Das ist deine Liga!

Ich glaube, ich muss diese Geschichte anders anpacken. Viel früher beginnen. Und weniger von den Träumen her erzählen – mehr von der Wirklichkeit. Von der Wahrheit. Die ist ohnehin noch viel fürchterlicher. Und die Wahrheit ist: Es sind gar nicht so sehr die Beine, es sind die Füße. Ich habe sehr kleine Füße. Ausgesprochen sehr kleine Füße. Heute ist das okay, ich trage maskulin wirkende Frauenschuhe. Heute geht es so mit meinen Füßen.

Aber als Kind war es schlimm. Da hatte ich praktisch gar keine Füße. Anfangs hat das niemand weiter tragisch genommen, weil ich sie da noch nicht so gebraucht habe. Mit einem guten Jahr aber begann ich zu laufen, ich war ein früher Läufer. Trotz ohne ausreichend Füße. Ich bin halt sehr viel umgekippt, vorneüber und oft auch auf den Hinterkopf. Der fehlenden Balance wegen. Niemand mit normalen Füßen kann nachvollziehen, wie schwierig das ist, ohne Standfläche, als Kind.

Auf Skiern wurde das dann besser. Ab meinem zweiten Lebensjahr waren meine Eltern das ständige Umgekippe leid und schnallten mich auf ein Paar Skier. Und weil ich dann postwendend seitlich umfiel, bekam ich noch zwei Stöcke dazu. Wie ein richtiger kleiner Skifahrer sah ich aus. Und ich stapfte mit meinen Skiern auf den Spielplatz, in den Kindergarten, überallhin. Sicher, ich war ein komisches Kind, etwas avantgardistisch, aber man ließ mich, ich war glücklich und unabhängig. Doch als ich in die Schule kam, war es mit dem Glück vorbei, weil meine Eltern meinten, dass ich jetzt erwachsen werden müsste und die Skier nicht mehr brauchte. Auch waren meine Füße etwas gewachsen, und wenn ich mich sehr konzentrierte, konnte ich vorsichtig gehen. Mit Skiern war es natürlich viel besser, aber meine Eltern blieben hart und taten alles daran, mir die Bretter, die meine Welt bedeuteten, madig zu machen. Wie man einem Baby den Schnuller abgewöhnt.

Ich sei jetzt zu alt für so was. Die anderen bräuchten schließlich auch keine Skier mehr. Außerdem würden die Mädchen mich sicher auslachen. Nichts ließen meine Eltern unversucht. Und am Vorabend des ersten Schultages kam dann die Zauberfee und zauberte die Skier fort. Scheißfee!

Allein, so schnell gab ich nicht auf. In der Nacht krabbelte ich zur Mülltonne, und da waren sie. Die Fee konnte mich mal. Ich versteckte die Skier und zog sie am nächsten Morgen, kaum waren meine Eltern außer Sichtweite, heimlich wieder an. Jetzt konnte die Schule beginnen. Aber ich hatte die Rechnung ohne den Schulbusfahrer gemacht. Der war nämlich ein gemeiner Komplize der Zauberfee und wollte mich nicht mit Skiern an den immer noch sehr kleinen Füßen in den Bus lassen. Ich schrie und tobte, doch es half alles nichts. Die Ski mussten ordnungsgemäß im Stauraum verstaut werden. Wurden sie auch, und ich fiel, meiner Gehhilfen beraubt, der Länge nach in den Gang des Busses und stieß zu allem Unglück auch noch einen sich dort befindenden Abfalleimer um. Worauf in Bussen die Todesstrafe steht, schließlich muss da der Abfall rein, weil man den Abfall nicht in die Aschenbecher stopfen darf. Es war ein Desaster. Ich wurde zum Gespött der Leute, der Busfahrer brüllte, meine Eltern ließen die Fee Fee sein und zersägten meine Skier. Ich musste fortan auf eigenen Füßen stehen.

Langsam lernte ich lesen, schreiben, rechnen und laufen. Katja Berger half mir. Natürlich nur, wenn es niemand sah. Sie nahm mich bei der Hand und führte mich. Und gelegentlich schenkte sie mir heimlich ihre alten Schuhe, die ihr zu klein geworden waren. Ich bin mir sicher, dass es eine Art Liebe war, auch wenn sich Katja nie öffentlich dazu bekannte. Im Gegenteil, in der Schule zeigte sie mir die kalte Schulter und hänselte mich sogar. Aber irgendwie gab es zwischen uns ein Band, das niemand trennen konnte. Dachte ich zumindest.

Bis wir aufs Gymnasium kamen und Wolfi in unser Leben trat. Er ging in die Nachbarklasse und war in allen Bereichen der King. Groß, gut aussehend, schon einmal sitzen geblieben und damals schon Schuhgröße 43. Katja klebte förmlich an ihm und ließ keine Gelegenheit aus, mich spüren zu lassen, wie toll sie ihn und wie lächerlich sie mich fand. Das Band war zerschnitten.

Gegen Ende der fünften Klasse wollte ich nur noch sterben und in der sechsten Klasse war ich praktisch tot.

Doch dann kam die Möglichkeit der Rettung: das Fußballmatch gegen die 6b. Nicht, dass ich ein begnadeter Kicker gewesen wäre. Wie auch – mit meinen Winzfüßchen? Aber darum ging es nicht. Wolfi war der Star der 6b. Wenn es mir gelänge, Wolfi eine Niederlage beizubringen, könnte ich Katja vielleicht zurückgewinnen. Und das Match gegen die 6b hatte nichts mit Sport zu tun. Das war Krieg. Die Schlacht der Schlachten.

Mit fußballerischen Mitteln konnte ich Wolfi nicht schlagen, so viel war klar. Aber zumindest mitspielen durfte ich, denn wir waren nur elf Jungen in der Klasse. Meine Mitschüler hatten zwar versucht, den Sportlehrer davon zu überzeugen, dass es vielleicht besser wäre, bloß zu zehnt anzutreten, aber der ließ sich nicht erweichen. Man gab mir genaueste Instruktionen: Ich sollte in der Mitte des Spielfeldes direkt an der Außenlinie stehen bleiben und mich möglichst von dort nicht wegbewegen. Ich hielt mich dran. Wackelig stand ich rum und ertrug den Spott des Publikums. Keine fünf Meter entfernt befanden sich die Mädels und feuerten ihre Helden an. Mich lachten sie aus. Allen voran Katja Berger. »Schaut doch mal«, rief sie und deutete auf meine Füße, »schaut doch, er hat Ballettschuhe an!«

Ich verzog keine Miene. Es gehörte zu meinem Plan, oder besser, zu meinem Traum. Erstens gab es keine Fußballstiefel in meiner Größe, und zweitens trug ich genau die Schuhe, die Katja mir einmal geschenkt hatte. Sie waren etwas eng, aber sie passten noch. Katja sollte es ruhig sehen, gesagt freilich habe ich nichts.

Wir hatten nicht den Hauch einer Chance gegen die 6b. Sie zermalmten uns regelrecht, sie zerquetschten uns wie lästige Insekten. Wolfi hatte seine Truppe im Griff. Gefangene wurden nicht gemacht, die 6a sollte ausradiert werden. Neunzig Minuten Angriff und Vernichtung. Sie raubten uns den Mut, die Ehre und schließlich die Frauen. Nach einer Viertelstunde stand es 5:0, Wolfi hatte mindestens drei Mal getroffen. Katja jubelte ihm zu. Übergelaufen zum Feind. Ich konnte meine Tränen fast nicht mehr zurückhalten. Keinen Meter hatte ich mich bewegt und der Spott schlug um in Hass. Nicht mal mehr meine eigenen Mitspieler würdigten mich eines Blickes. Als wäre ich schuld. Die 6b aber, sie wollte nicht gewinnen, sie wollte den Endsieg.

Ich schloss die Augen. Träum von Hansi Pflügler, dachte ich, es ist deine einzige Chance. Und dann lief ich los. Da war kein Ball, kein Gegner, kein Plan, nichts. Ich lief einfach los. Ich lief weg von Katja, stangengerade über die Mittellinie in die andere Hälfte. Sah nicht links, nicht rechts. Nur auf meine Füße. Bloß nicht hinfallen. Über den ganzen Platz lief ich, das war ganz schön weit, in den gegnerischen Strafraum hinein. Ich hatte nicht die leiseste Idee, was ich dort sollte. Aber irgendwas musste ich ja machen.

Und plötzlich der dicke Erwin. Er schlägt den Ball hoch in den Sechzehner, ich sehe ihn kommen, gehe in Position, ich krieg' ihn, ich krieg' ihn.

Wie aus dem Nichts sehe ich Wolfi auf mich zukommen.

Natürlich, Wolfi, die Drecksau.

Jetzt galt es, alles oder nichts. Träum ihn zu Ende, den Traum, du schaffst es. Denk an Katja Berger. Die Sache hatte nur einen Haken: Meine Träume gerieten mir im Kopf durcheinander.

»Gleich rempelt er dich um, setz zum Fallrückzieher an!«

»Ich kann keinen Fallrückzieher!«

»Natürlich kannst du – im Fallen – mit links!«

»Ich will nicht. Ich kann nicht! Ich muss mit dem Kopf – wie Hansi Pflügler!«

»Nein – wie Klaus Fischer!«

»Hansi Pflügler!«

»Mach schon!«

Ich spürte, wie mein Körper sich zu verbiegen begann. Er krümmte sich. Untenrum wollte er Fallrückzieher und oben Kopfball. Die Lederkugel kam und ich sah Wolfi, wie er auf mich zuraste, blanke Wut in den Augen: »Du vermasselst mir nicht die Tour, Winzfuß, du nicht!«

Und mit einem Mal wusste ich, was zu tun war. Natürlich. Ich tat einen letzten Schritt, stemmte den Ballettschuh, so gut es ging, in den Boden und stieß mich ab. Ich schraubte meine 1,40 Meter hoch in die Lüfte, und dann ging alles ganz schnell. Wolfi rammte mich mit voller Wucht, aber er erwischte nur den Fallrückzieher-Teil meines Körpers, meine Brust, mein Becken, meinen Rumpf, Beine und Füße. Er hebelte mich regelrecht aus und schleuderte mich herum. Ich hörte es noch hässlich knacken, untenrum, doch im selben Moment krachte mir der Ball auf den Kopf. Ich spürte einen dumpfen Schmerz und dann vernahm ich nur noch ein unbeschreibliches Getöse von den Rängen.

Noch im Fallen versuche ich einen Blick von Katja Berger zu erhaschen – doch ich sehe nur den Ball, wie er langsam ins Seitenaus trudelt.

Allein das Getöse nahm kein Ende.

»Faule Sau! Elfmeter! Stellt das Schwein vom Platz!«

Ich nahm alles nur noch wie in Trance wahr, benebelt. Man trug mich vom Rasen. Umringte mich. Katja Berger war ganz nah, hielt meine Hand, Angst in der Stimme: »Tut's arg weh?«

Ich lächelte. »Geht schon.«

Auf dem Platz wurde derweil weitergespielt. Ich bekam noch mit, wie Erwin Moser unseren Elfer verschoss, wie wir 8:0 verloren, wie die 6b ihren Sieg feierte, aber Katja Berger hatte nur noch Augen für mich.

»Du warst großartig«, sagte sie.

»Nicht der Rede wert«, sagte ich.

Und dann sagte sie so laut, dass es alle hören mussten: »Lass uns mal was machen, wenn du wieder okay bist.«

Ich war okay, noch nie im Leben war ich so okay wie in diesem Augenblick. Aber diesmal sollte sie warten müssen:

»Wir könnten«, sagte ich, »wir könnten ja mal Ski fahren gehen nächsten Winter.«

»O ja«, sagte sie, »du kannst meine alten Skier und Schuhe kriegen.«

Wolfi verließ indessen mit hängendem Kopf den Platz. Die Schlacht war geschlagen. Der Traum geträumt.

Das mumpfigste Gerede ist das über den Body. Damit das mal klar ist: Eine Waschbrettwampe ist ungeschmeidig, ein »Sixpack« gehört in den Bauch und nicht davor und »Ins-Fitness-gehen« oder »Muckibude« sind schlimme Kollateralschäden der deutschen Sprache. Und doch bin auch ich mal …

Vor langer Zeit freilich, als der Körper noch kein Kult war, sondern mit Leggins und Schweißbändern verhüllt wurde. Die Jungs machten Bodybuilding, die Mädels Aerobic – und Phil Collins den Sound dazu.

Wegen Katja besuchte ich einen Gymnastikkurs. Nicht, weil auch sie dort an ihrer Biegsamkeit feilte, nein, sie hatte mich einer harten Prüfung unterzogen. Bevor ich sie nämlich mit der Zunge berühren dürfe, müsse ich erst mal mit dieser an meinen Ellenbogen rankommen.

Ha, ha. Aber probieren Sie es ruhig: mit der Zunge an den eigenen Ellbogen …

Um es kurz zu machen: Während ich schwitzend für die Liebe trainierte, stellte Katja Wolfi vor weit einfachere Aufgaben. Ich aber hatte ein Ziel. Und ich habe es erreicht!

Hörst du das, Katja? Ich kann es jetzt!

La Boum –
Die Fete ist vorbei

Ich weiß nicht, ob es sich um eine Erfahrung handelt, die ich mit vielen teile, oder ob es allein an mir liegt oder am Wetter, aber manchmal braucht es ja nur einen klitzekleinen Anlass, um mich in tiefste Melancholie zu stürzen. An einem der letzten Tage in den 90ern fragte ich eine wildfremde Frau nach der Uhrzeit, einfach so. Sie war in etwa meinem Alter, ein, höchstens zwei Jahre älter vielleicht. Sie lächelte mich an und antwortete:

»Viertel vor Nesquick, Zeit zum Umrühren.«

Mein Gott, wie lange hatte ich diese Floskel schon nicht mehr gehört! Freilich wusste ich immer noch nicht, wie spät es war, aber was spielte das für eine Rolle? Die Jetzt-Zeit war aufgehoben und räumte ihren Platz für die Erinnerung. Ich lächelte zurück, sah der Frau in die Augen und begann leise zu singen:

»Kimba, Kimba, kleiner weißer Löwe, wir sind stolz auf dich …«

Ihr Blick bekam etwas Glänzendes, sie hakte sich bei mir unter und sang ebenfalls:

»Hey, hey, Wickie, die Wikinger, sind hart am Winde drahan – sag mal, kriegst du die Männer von Flake noch alle zusammen?«

Ich rieb mit meinem Zeigefinger an der Nase und dachte

nach. Also da waren Snørre und Wickie und … Um meine getrübte Erinnerung zu kaschieren und das Gespräch mit der unbekannten Begleiterin versuchsweise ins Zwischenmenschliche zu lenken, fragte ich:

»War Wickie eigentlich ein Junge oder ein Mädchen?«

»Also Willi aus Biene Maja war auf jeden Fall schwul.«

Ich verstellte die Stimme und brüllte mit nasalem Ton:

»Maja, Maja, warte auf mich!«

Hoffentlich sah uns keiner. Sie lachte. Ich dachte, so ähnlich würde Katja Berger heute lachen, zehn Jahre nach dem Abi. Das Lachen der Frau hatte etwas Entwaffnendes, und ich wusste, das ist sie, die Frau, auf die du immer gewartet hast: Vic aus ›La Boum – Die Fete‹! Sophie Marceau. *Met you by surprise, / I didn't realize / that my life would change forever.* Älter natürlich, reifer – *Dreams are my reality / a wondrous word with I like to be* – erwachsener und schöner denn je – *Illusions are a common thing. / I try to live in dreams / although it's only fantasy* – Sophie Marceau heute.

Sophie Marceau im letzten James Bond-Film. In dem der Agent, und mit ihm alle Männer dieser Welt, wissen, dass sie sich sämtliche Mätzchen sparen können. Denn diese Frau durchschaut sie vom ersten Augenblick. Und sagt den wahrsten Satz, den je ein Bond-Girl gesagt hat:

»Du kannst mich nicht töten.«

Dass Bond es dennoch tut, beweist nur, dass er sie nie wieder loswerden wird. Aber auch nie wirklich besaß. So war das immer. In ›La Boum – Die Fete‹ war Sophie Marceau 14 und ich zwei Jahre jünger. Sie war genau das Mädchen, das schon immer eine Nummer zu groß war. Und

jetzt stand sie leibhaftig vor mir. Ganz nah und doch uner-
reichbar. Eine fleischgewordene Erinnerung. Ihr bester
Film hieß ›Meine Nächte sind schöner als deine Tage‹. Ich
glaube, das trifft's.

Aber hatte sie nicht eben mit mir gesprochen? Die
»Kannst du mir sagen, wie spät es ist«-Floskel der Lächer-
lichkeit preisgegeben? Und mir damit einen Wink? Nur –
wieso sollte sie sich jetzt für mich interessieren? Sie hatte
es doch auch früher nie getan. Mir sah man es doch heute
noch an, dass ich jahrelang Zahnspangen trug und die
Firma Clearasil reich gemacht hatte. Egal, was ich sie
fragen würde, immer würde ihre Antwort lauten: »Wir
können ja gute Freunde bleiben.« Es war so ungerecht,
eine Rollenverteilung für die Ewigkeit: Sie, der Klassenschwarm, die Strahlende, die mit der Eins in Schönschrei-
ben und ich der kleine Bub im Pullunder, der noch nicht
mal eine Fläche auf dem Rubik-Würfel hinbekam. Im
Sportunterricht brachte sie mit ihrem Pferdeschwanz und
ihren kleinen, wippenden Brüsten alle um den Verstand,
während ich in Strumpfhosen abseits stand und stets als
Letzter in die Mannschaft gewählt wurde.

Warum tat sie mir das jetzt an? Sie, die damals zu dieser
Jahreszeit *hundertpro* im schicken Anorak und trotzdem
natürlich viel zu knapp bekleidet in der Raucherecke des
Schulhofs stand und jedes Mal kicherte, wenn ich dick
eingemummelt in meinem Parka vorbeikam. Meine Eltern
schimpften sich Antimilitaristen, aber der Bundeswehr-
parka gehörte zur Grundausstattung. Wieso war ich eigentlich, seit ich denken kann, dauernd zu warm angezogen?
Meine Eltern mit ihrer Paranoia, ich könnte erfrieren! Sel-

ber immer freakig, immer locker, immer *easy*, aber wenn's um den Sohn ging, voll bürgerlicher Urangst: Der Junge geht aus dem Haus und erfriert spontan auf dem Schulweg. Ab Ende August trug ich Winterklamotten und wurde verspottet wegen meiner selbst gestrickten Handschuhe. Oh, wie ich sie gehasst habe, diese Wollfäustlinge, die mit einem Bändchen verbunden waren, damit man sie auch ja nicht verlor. Unter der Jacke trug man die, durch die Ärmel gezogen, sie haben furchtbar gekratzt, sich ständig verheddert, und bei den Mädels war man der Depp. Es tönt mir noch heute in den Ohren, Sophie Marceau, Katja Berger, wie sie höhnt:

»Guck mal, wie kindisch!«

Die schöne Unbekannte blickte mich an und sagte:

»Du bist der mit den Fäustlingen, nicht?« Ich antwortete:

»Und du bist die, die immer mit den Christophs und Wolfis gegangen ist.«

Sie nickte, sah auf die Uhr und sagte im Weggehen:

»Es ist übrigens kurz nach vier.«

Es ist kalt, dachte ich, bald braucht man Handschuhe.

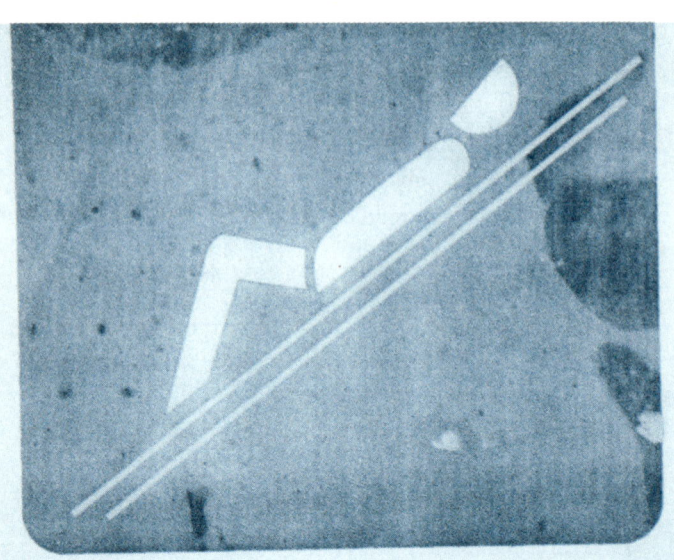

Rückenlage, Blickrichtung vorwärts

HARTWIGSEN

71050 Sinc

Das Leben ist eine Wasserrutsche. Es war Erwin, der im Freibad philosophisch wurde. »Mal bist du oben, mal gehste baden. Und den Rest der Zeit stehst du an.«

Mir machte die Rutsche Angst, jung und geil und legasthenisch, wie ich war. Ich wusste doch, was abging, wenn ich einsam war. Den ganzen Tag in der Sonne, Katja und »schmierst du mir den Rücken ein«. Abends wurde es dann hart, wenn ich im Bett lag, die Augen starr, die Hand mechanisch. Krumme Finger kriegte man davon und blind wurde man. Erwin, der Philosoph, versuchte mir die Furcht zu nehmen: »Hör zu, Kleiner«, sagte er, »alle machen das. Der Deutsche legt seine Hände nicht untätig in den Schoß.«

Ganz beruhigt hat mich das nicht, aber Erwin fragte: »Weißt du, was ich denke, wenn ich onaniere?« Ich wusste es nicht.

»Ach, denke ich«, sagte er, »ach – eigentlich bin ich gar nicht so mein Typ.«

Wer sagt, dass man, wenn man alleine auf dem Rücken liegt, nicht lachen kann?

Parkhaus
des Grauens

Manchmal begehe ich den großen Fehler, mein Auto in Ermangelung eines oberirdischen Parkplatzes für teures Geld in einer Tiefgarage abzustellen. Dabei ergreift mich jedes Mal regelrechte Panik, wenn ich mein Auto in den Schlund eines dieser düsteren Labyrinthe lenken muss. Es ist immer das Gleiche: Ich fahre rein und finde selbstredend erst mal keinen freien Platz. Hysterisch irre ich durch die Finsternis, und in den verbrecherisch engen Kurven beweist der Beton, dass er wesentlich mehr aushält als der Kotflügel meines Wagens. Kleingeld habe ich natürlich keines dabei, und meine Scheine nimmt der Drecksautomat nie. NIE! Dazu kommt, dass ich, wenn ich mal einen Parkplatz finde, mein Auto bei der Rückkehr selbstverständlich stundenlang suchen muss. Und wieder irre ich panisch durch die Dunkelheit, diesmal zu Fuß.

An mein erstes Mal kann ich mich nur allzu gut erinnern: Trotz Totalversagens im Rückwärtseinparken frisch beführerscheint, brauste ich mit dem Wagen meines Vaters und der ersten großen Liebe auf dem Beifahrersitz in die große Stadt. Es war eine Premiere. Nie zuvor hatte mir der Eberhard sein Auto geliehen. Was heißt *geliehen*? Mit Sorgenfalten auf der Stirn und furchtverzerrtem Gesicht zu treuen Händen übergeben. Sein Auto!

Eins der größten Vorurteile ist, dass Hippies Automobilmuffel gewesen seien. Im Gegenteil: *On the road* war das Höchste! Und dass sie früher im zerbeulten VW-Bus und später mit dem geleasten Volvo Kombi über die Lande düsten, ist ebenfalls gelogen. Meine Eltern fuhren Benz. Bis heute tun sie das – Janis Joplin hin oder her.

Sie hegten und pflegten ihr Statussymbol. Was konnte der Eberhard ausrasten, wenn die Renate eine Schramme in den Mercedes fuhr oder seine heilige Kassettenordnung in der Mittelablage durcheinanderbrachte. Nur für die Liebhaber von Brüchen in deutschen Biografien: Ein unvergleichliches Bild bot der Eberhard in Antifa-T-Shirt und Schlaghose beim samstäglichen Polieren des Wagens. Und wenn wir einen gemeinsamen Ausflug unternahmen – *er* fuhr. Was das Autofahren anging, führten meine Eltern eine ganz normale Ehe.

Einschließlich der Tatsache, dass es eine Höllenarbeit war, ihnen den Wagen für einen Abend abzuluchsen. Aber ich brauchte ihn dringend, denn bei der Frau, die ich ausführte, handelte es sich um niemand anderes als Katja Berger. Ich glaube, es war mein achttausendster Versuch, sie ins Kino zu bekommen, und ohne Auto hätte ich es wohl nie geschafft. Da kam mir die Edelkarosse meiner Ernährer gerade recht. Lässiger als Mercedes ging nicht!

(Auf gar keinen Fall aber durfte ich mich vor Katja Berger blamieren. Das war mir schon einmal passiert, als damals im Freibad alle, aber auch wirklich alle, vor den Augen der Mädchen vom Zehnmeterturm gesprungen sind. Nur ich war zu feige. Heulend stieg ich wieder runter und rannte nach Hause. Ich war das Gespött der ganzen Klasse.

Noch mal würde mir so etwas nicht passieren, nicht vor Katja Berger.)

Das lockere Handling des Autos barg für mich zwar eine erste Hürde, doch ich hatte mich bestens vorbereitet. Um nicht schon vor dem eigentlichen Rendezvous mehr als uncool schräg in einer zehn Meter langen Parkbucht zu stehen, fuhr ich gleich ins Parkhaus. Ich zog ein Ticket, hierzu musste ich aussteigen – James Bond wäre so was nie passiert. Aber Katja lächelte.

Dann allerdings fand ich natürlich ums Verrecken keinen Platz, in den ich so locker wie geplant hätte einparken können. Nach dreimaligem Durchfahren sämtlicher Stockwerke gab ich schweißgebadet auf und wollte nur noch raus.

»Was soll's, Lady Berger. Park and ride ist eh ökologischer.« Sie lächelte nicht mehr.

Mit zittrigen Händen steuerte ich dem Tageslicht entgegen, aber natürlich versperrte mir die Ausfahrtsschranke den Weg, und natürlich hatte ich das Ticket noch nicht bezahlt. Wann auch? Also zurück. Aber natürlich stand hinter mir ein Auto. Die Peinlichkeit war perfekt, und die Frau war ich los.

In der Zeitschrift ›ADAC Motorwelt‹ stand vor nicht allzu langer Zeit eine kurze Mitteilung mit der Überschrift: »Frauen haben Angst vor Parkhäusern.« Den Grund lieferte das feministische Szene-Blatt gleich mit: Die deutschen Parkhäuser seien oft »unübersichtlich strukturiert [...], die Parkbuchten zu klein und die Kurven zu eng«. Gut, dass das mal jemand in dieser Deutlichkeit auf den Tisch gebracht hat. Aus diesem Grund sei das Einrichten

von »Frauenparkplätzen« durchaus sinnvoll. (Frauen-
parkplätze: »große Buchten und nah am Tageslicht«.)

Frauen Deutschlands, hättet ihr was dagegen, wenn ich
die mitbenutze?

In hormonell schwierigen Zeiten macht man so etwas eben. Das Adressbuch zur Hand nehmen. Überlegen, ob man mal wieder anrufen sollte. Sich treffen …

»Du hast dich gar nicht verändert«, sagt sie.

Du dich schon, denke ich und sage es nicht. Auch nicht: Mensch, bist du aber groß geworden. Sondern natürlich: »Du siehst toll aus.«

»Du auch.« Pause.

»Und wie geht's?«, frage ich.

»Muss ja«, antwortet sie, »und selber?«

»Hm.« – »Lang her, was?« – »Ja, verdammt lang.« – »Das ist von BAP, nicht?« – »Hm.« – »Weißte noch, wie wir damals …?« – »Ja.«

Lange Pause.

Ich: »Was machst du denn so?« Sie: »Wir bauen.«

Ich hätte es wissen müssen. Das Leben ist eine Baustelle, und den Neubaugebieten sieht man die Familienplanung einfach an.

»Ich muss dann mal«, sage ich. »War schön«, sagt sie.

»Ja. Das war es.« Früher.

Ich fand BAP damals schon furchtbar.

Draußen vom Walde
komm' ich her

Auch wenn es draußen Ende November garstig und unsexy ist, es gibt Stellenanzeigen, auf die muss ich mich einfach bewerben:

»Sie wollen in nur drei Tagen 1000 Euro verdienen und arbeiten gerne mit Kindern? Sie besitzen schauspielerische Fähigkeiten und haben ein Handy? Dann rufen Sie an!«

Obwohl mir nicht ganz klar war, warum man kein normales Telefon benutzen sollte, tat ich, wie mir geheißen, und landete bei einem mittelgroßen Betrieb mit obligatorisch angelsächsischem Namen. Eine mechanische Stimme sagte:

»Firma für Events aller Art, Sie werden gleich verbunden.«

Und schon befand ich mich in der Warteschleife. Auf der rieselte der Schnee, leise zwar, aber dafür lange. Nach zehn Minuten durfte ich dann endlich mein Anliegen vortragen:

»Hallo, hier spricht Jess Jochimsen, es geht um Ihre Annonce, die mit dem Handy. Sagen Sie, was muss ich da eigentlich machen?«

»Na, Sie sind gut, den Nikolaus natürlich«, bekam ich zur Antwort. DEN NIKOLAUS, sonnenklar, deswegen ja auch das Handy!

»Haben Sie ein Fax?«, fragte die Dame.

»Selbstredend, ich habe alles, was man als moderner Nikolaus so braucht.«

Und siehe da, keine zehn Minuten später ratterte meine Bestätigung aus dem Faxgerät. Ich hatte den Job. Schwarz auf weiß:

»Herr Jens Joachim. Gebucht als Event-Performer vom 5. bis 7. Dezember. Coaching: 4.12., 16 Uhr.«

Wow! Unter diesen Umständen vergaß ich sogar, mich über die falsche Schreibweise meines Namens aufzuregen. Hey – ich war kein *Old School Nikolaus*, sondern ein *fancy Event-Performer*, und als solcher würde ich eine Schweinekohle machen.

Ich gebe gerne zu, dass ich etwas aufgeregt war. Weniger, weil ich mir die Arbeit nicht zugetraut hätte, sondern ehor, weil ich als Kind dem Nikolaus nie leibhaftig begegnet bin. Wenn meine Eltern etwas taten, dann taten sie es gründlich. Der Eberhard und die Renate hatten eine schwarze Liste mit unerwünschten Personen des kapitalistischen Brauchtums christlichen Ursprungs – und der Weihnachtsmann, das Christkind und der Nikolaus waren die *Top three* auf dieser Liste. Doch wozu gab es die Schulung!

Bestens gelaunt erschien ich zu ebendieser, zusammen mit sechzig anderen. Ein leicht elitäres Glücksgefühl beschlich mich. Wir waren die Auserwählten, *die* Nikoläuse der Stadt, junge, eventmäßig hochmotivierte Segensbringer. Einer raunte mir zu:

»Ich bin Weihnachtsmann-Anwärter, ab nächstem Jahr ist Schluss mit Außendienst.«

Mir wurde etwas mulmig, aber da erschien auch schon unser Performance-Coach:

»Okay, Leute«, sagte er, »Kutten, Caps und Stiefel gibt's gleich. Erst mal kriegt ihr eure Telefonlisten. Ist total easy. Wenn ihr auf Tour seid, ruft ihr per Handy immer kurz vorher bei den Eltern an, checkt aus, wie ihr an die Geschenke und die Infos über die Kids kommt, dann kreuzt ihr da auf und zieht das Ding zügig durch. Alles roger?«

Zaghaft meldete ich mich: »Und was sollen wir sagen?«

»Irgendeinen Spruch, dass die Kids brav sein sollen halt«, sagte mein Nikolaus-Instructor, »was gut kommt, ist ein kleiner Rap: Yeah, ich bin der Nikolaus / und hol' gleich meine Rute raus / bumm tschacka bumm.«

Vereinzeltes Gelächter. Na großartig, dachte ich, wenn wir so auftreten, rappen die Kinder spontan zurück: »Yo man, vom Walde kommst du her / und ich muss dir sagen: Fuck you, yeah!«

Unser Coach schloss seine Ausführungen damit, dass wir uns nun stadtteilmäßig aufzuteilen hätten. Der Weihnachtsmann-Anwärter brüllte: »Ohne Knecht Ruprecht gehe ich nicht noch mal in die Vorstadt!«

Und ich bereute den Job jetzt schon. Trotzdem werde ich erzählen, wie's lief.

Eher peinlich bekleidet und mit einem Haufen Watte im Gesicht, den Bart mussten wir uns aus hygienischen Gründen selber basteln, stapfte ich los. Mein »Performance-Bereich« war ein Altbauviertel und Mario F. in der Hildastraße mein erstes »Zielobjekt«. Von Mama F. per Handy instruiert, Mario solle doch weniger fernsehen und – Altbau bleibt eben Altbau – doch bitte mehr lesen, erschien ich pünktlich. Das Geschenk war im Treppenhaus hinterlegt, zwei Mandarinen und ein verpacktes Buch, da würde sich der Bub aber freuen. Ich trat in den Flur, und Frau F. rief:

»Mario, kommst du mal, da ist ein fremder Mann, ich glaube, das ist der Nikolaus!«

Von irgendwoher krakeelte Mario: »Der soll später wiederkommen!«

Ich räusperte mich: »Draußen vom Walde komm' ich her.«

»Halt's Maul, ich bin gerade auf Level acht!«, rief Mario.

»Würdest du jetzt bitte den Computer sein lassen!«, brüllte Frau F., und zu mir sagte sie: »Und Sie, Herr Joachim, ziehen bitte die Stiefel aus.«

Ich fühlte mich meiner Autorität doch etwas beraubt, und Mario kam.

»Guck mal, Mario, was dir der Nikolaus mitgebracht hat.« Ich zückte das Buch.

»Wenn er das neue Tomb Raider nicht dabei hat, kann er sich gleich verpissen«, sagte Mario.

»Aber Mario, hör mal.«

»Sie halten sich da raus«, sagte Frau F., »und du, Mario, nimmst jetzt das Buch und freust dich gefälligst.«

»Ich soll von Fremden nichts nehmen«, heulte Mario.

Nun wurde ich laut: »Wenn du nicht augenblicklich brav bist …«

»Schreien Sie mein Kind nicht an!«, schrie Frau F.

»Hey – ich bin der Nikolaus!«

»Ja, und ich bin der Weihnachtsmann, du Arschloch!«, brüllte Mario.

»Freundchen«, entgegnete ich wutentbrannt und war kurz davor, dem Kleinen eine zu schallern.

»Trau dich doch, trau dich doch«, provozierte das Altbaubalg, und ich besann mich:

»FREUNDCHEN – deine Mama hat Depressionen, und außerdem bist du adoptiert! Hier – da hast du dein beknacktes Harry-Potter-Kinder-Blöd-Buch. Und tschüss.«

Ich ging. Es war kalt in der Hildastraße, so ohne Stiefel.

DAS
MAINZER
FASTNACHTS-
ARCHIV

DURCH
HILFE DER NÄRRISCHEN
KORPORATIONEN UND
ZAHLREICHEN SPENDEN
ZUSAMMENGETRAGEN

Der 11.11. ist ja auch so 'n Datum. »Sollen wir Fasching nicht mal wieder nach Mainz fahren?«, fragt sie.

Ich fahre da so schon ungern hin, denke ich.

»In Mainz isses immer am besten.« Sie lässt nicht locker.

»Jetzt fliegen gleich die Löcher aus dem Käse … War das ein Spaß. Erinnerst du dich noch?«

Ich erinnere mich. Sie ging als »Frau Antje« und ich hatte einen Bart angeklebt, der ständig in der Bowle hing. Wir liebten uns auf dem Behindertenklo und kotzten später in die Rabatten. Mainz-Finthen, wie es sang und lachte. Schon schön.

»Ich geh' diesmal als Haremsdame«, sagt sie, »ach, das ist so geil, einmal im Jahr jemand anderes zu sein. Bin gespannt, was diesmal passiert. Im Karneval passieren ja immer die verrücktesten Geschichten. Es sollte ein Archiv geben, das die sammelt.«

»Gibt es.« Aber das sammelt keine Erinnerungen.

Ich erinnere mich daran, wie mein Opa 1976 in einer SA-Uniform zum Prinzenball erschien und die Frau an der Kasse den großartigen Satz sagte: »Heil Hitler, Herr Jochimsen, aber hier kommen Sie nur verkleidet rein.«

Am schlimmsten sind die Sätze auf den Einladungskarten. Wir wagen den Schritt. Wir tun es. Wir trauen uns.

Von »Torschlusspanik«, »Babywunsch« und »steuerlichen Gründen« schreiben »wir« nie. Und komischerweise auch nicht von »Liebe«.

Heiraten hat mit Unterschrift-Üben zu tun. Raider heißt jetzt Twix. Und Seitensprung Ehebruch. »Von eurem großzügigen Geldgeschenk haben wir uns einen lang gehegten Geschirrwunsch erfüllt.«

»Willst du meine Frau werden?«, ist ein schöner Satz. Mein sehr schwieriger Freund Erwin hat ihn bestimmt tausend Mal gesagt. Am Schluss sogar zu Tieren und Möbeln. Auf seiner Einladung stand: »Sie will meine Frau werden. Warum, weiß keiner. Aber wir lieben uns.«

In der Kirche lief dann The Beautiful South: »Don't marry her, fuck me.«

Geht doch.

Night on earth –
Die sechste Stadt

U nd – wohin soll's gehen?«
In 99 von 100 Fällen begrüßen mich Taxifahrer mit der »Und – wohin soll's gehen?«-Frage. Der hundertste Fall war eines Abends am Bahnhof. »Taking the cab in a small town« heißt es in einem Song von irgend so einem Westküstenheinz – wie auch immer, zumindest ist es ein Synonym für »mir ist nicht mehr zu helfen«. In einer Stadt wie Freiburg das Taxi zu nehmen, ist tatsächlich genau so, aber ich lebe hier, zumindest zurzeit, und manchmal brauche ich das einfach.

Gegen alle Gewohnheit nahm ich auf dem Rücksitz Platz, seufzte theatralisch, um zu signalisieren, dass mir eine anstrengende Zugfahrt in den Knochen steckte, und wartete darauf, dass sich der Taxifahrer zu mir umdrehte. Der aber starrte weiter aus dem Fenster, stellte mechanisch die Uhr an und fuhr schweigend los. Auch mal 'ne Variante, dachte ich, und schwieg ebenfalls. Wortlos fuhr er die Schnewlinstraße runter und bog links in die Basler Straße ein.

Meine Richtung! Vielleicht weiß er, wo ich wohne? Kronenbrücke – er wusste es eher nicht.

Auf Höhe der Uni zeigte der Taxameter sieben Euro an, und immer noch war kein Wort gewechselt. An sich bin ich ein großer Freund kommunikationsfreier Taxifahrten, diese aber könnte ein teurer Spaß werden. Trotzdem sagte ich nichts, auch nicht, als es am Fahnenbergplatz wieder nach links ging. Warum nicht mal schweigend im Kreis fahren? Schau' ich mir halt ein bisschen die Stadt an. Kostenpunkt mittlerweile 9,50 Euro für die Strecke vom Bahnhof bis zum Bahnhof.

Na ja, von irgendwas muss er ja auch leben. Als sich bei 15 Euro abzeichnete, dass mein Chauffeur die gewählte Rundtour nicht nur schön, sondern auch eine Wiederholung wert fand, dachte ich: Also jetzt sag' ich auch nichts mehr, besser der Irre kennt meine Adresse nicht.

Als könnte er Gedanken lesen, verstellte der Taxifahrer den Rückspiegel, sodass er mich sehen konnte, und sagte den magischen Satz:

»Scheiße, Mann. Warst du schon mal unglücklich verliebt?«

Ich dachte: Halt die Klappe und fahr mich heim. Außerdem geht dich das gar nichts an, Mr Cab-Driver, natürlich war ich schon mal unglücklich verliebt, zwei Mal, um genau zu sein. Gelitten wie ein Hund habe ich, dass ich Luft war für Katja Berger, in der Wittelsbacher Grundschule. Katja Berger, Katja Berger, Katja Berger. Jahrelang interessierte sie sich für überhaupt niemand außer für ihre Freundinnen und ihre Pferdeposter. Und dann ging sie auf einmal mit diesem Christoph, verdammt, der supertolle Christoph, der immer als Erster in die Brennballmannschaft gewählt wurde. Und der, »Bangemachen giltet nicht«, sogar mit dem Kopf voraus vom Zehner sprang, während ich wieder runterkletterte. Aber das werde ich dir nicht erzählen, Taxifahrer, Akademiker, gescheiterter. Das zweite Mal unglücklich verliebt war noch schlimmer, da ...

»Ja«, hörte ich mich sagen.

»In wen?«, fragte er und bog mal wieder in die Basler Straße ein.

»Sie wissen nicht wirklich, wo ich wohne, oder?«

»In wen?«, wiederholte er seine Frage.

»In Winona Ryder aus ›Night on earth‹.« Er schwieg.

Die Wahrheit: Das mit Sophie Marceau war Liebe, in Winona Ryder war ich verschossen. Hin und weg war ich von ihr, in Jim Jarmuschs Kultfilm. Winona Ryder, so unglaublich sexy als Taxifahrerin in L. A., wie sie auf einem Packen Telefonbüchern sitzt, um überhaupt ans Lenkrad zu kommen, und wie sie dieser Pelzjacken-Filmzicke, die sie durch die Stadt kutschiert, eine Absage erteilt. Die Pelzjacke sagt:

»Ich kann dir helfen, Schätzchen. Willst du zum Film? Schauspiel, Schätzchen. Karriere, Hollywood, hm?«

»No Ma'am. I got a job.«

Taxifahren ist krisensicher, und Winona sagt noch:

»Aber ich kann Sie hinfahren, nach Hollywood, das bringt 'ne Stange Geld.«

Gott ja, ich war verliebt – unglücklich verliebt.

Mein Taxifahrer sagte nichts – klar –, und wir fuhren zum vierten Mal über die Kronenbrücke.

»Kennen Sie ›Night on earth‹?«

Keine Antwort. Natürlich kannte er den Film. Alle Taxifahrer mit abgebrochenem Hochschulstudium kennen ›Night on earth‹, fünf Taxi-Geschichten – »cab-storys«, in einer Nacht, in Amerika, Italien, Frankreich, kurze Nacht-Abenteuer ...

Okay, falsche Baustelle, hier war Freiburg und nicht Los Angeles. Er war nicht Armin Müller-Stahl in New York oder Roberto Benigni in Rom. Er war ... hier halt. Mal einen betrunkenen Zahnarzt die hundert Meter vom Bahnhof ins Colombi fahren, für zwanzig Euro Trinkgeld, mal eine Provinz-Persönlichkeit in den Puff, und das war's dann auch schon mit Abenteuer.

Das Taxi hielt. Am Bahnhof – wo sonst. Die Uhr zeigte 48 Euro an, und zum ersten Mal betrachtete ich den Fahrer näher. Er war klein, ziemlich klein sogar, und traurig. Er guckte trauriger als die drei Kaurismäki-Typen zusammen in dem finnischen Taxi in der Helsinki-Episode in ›Night on earth‹.

Verdammt, ich wollte ihn nicht verletzon oder so. Was kann ich dafür, dass hier nichts passiert. Warum fragt er mich auch nach Winona Ryder, der Zwerg? Und kriegt ansonsten das Maul nicht auf. Fast fünfzig Euro für vier Mal um die Innenstadt! Na großartig! »Taking the cab in a small town ...« Er sagte immer noch keinen Ton, und das Taxameter klackerte weiter vor sich hin. Wenn er alle seine Fahrgäste so behandelte wie mich, dürfte er ganz gut verdienen. Scheißstadt!

In diesem Moment kam eine groß gewachsene Frau aus der Bahnhofshalle und sah sich suchend um. Sie war sexy und so overdressed, wie man es in Freiburg nur sein konnte: Sonnenbrille, Stöckelschuhe und Pelzmantel – im Juni. Eine Frau, für die jeder Taxifahrer der Welt seinen Rückspiegel verstellt. Ich überlegte kurz, ob ich sie nicht heranwinken sollte, dann könnten wir zu dritt im Kreis fahren – dann hätte er mal was erlebt. Die Frau hättste mal nach der Liebe fragen sollen, du Arschloch, und da begriff ich: Ich hatte ihm sein Abenteuer vorenthalten, sein kleines, bekacktes Kleinstadt-Abenteuer. Er hatte eben nicht wissen wollen: »Und – wohin soll's gehen?«, sondern einen Satz gesagt, der sich nicht gehörte, einen Satz, der alles umwirft, wenn man ihn nur richtig beantwortete, einen magischen Satz, der direkt ins Abenteuer hätte führen können.

Und ich hatte ihn verspottet. Die Strafe dafür sah super aus, stand fünf Meter vor uns und stieg in ein anderes Taxi.

Das war's dann. »Taking the cab in a small town!«

Mein Fahrer stellte den Taxameter mechanisch auf null und drehte sich zu mir um.

»Und – wohin soll's gehen?«

Diesmal sagte ich den magischen Satz:

»Folgen Sie diesem Wagen!«

Das Klassentreffen

Vor einigen Jahren erhielt ich Post von meiner alten Schule. Gott im Himmel, ein offizielles Schreiben meiner Schule, mit dem Stempel der Wittelsbacher. Verdammt, sie haben mich doch noch drangekriegt, dachte ich, hätte ich den Diercke-Weltatlas doch nicht geklaut!

Das konnte es doch eigentlich nicht sein, jeder hat damals den Diercke-Weltatlas mitgehen lassen, jeder; trotz des gymnasialen Über-Ichs im spätpubertierenden Schädel: »Ja, Frau Lehererin, ja ich weiß, man sagt ja auch nicht Globusse, der Plural von Atlas lautet Atlanten – aber ich will nur einen klauen.« Hätte ich mal nicht machen sollen. Der Scheißdiercke ist schuld, dass ich heute noch nicht weiß, wo Aserbaidschan und Kirgisien genau liegen. In meinem Atlas befinden sie sich irgendwo inmitten der fetten grünen Fläche, auf der Weltkarte – Süden, Norden, »Nie ohne Seife waschen« – rechts, genau, rechts auf der Karte, Osten. Alles UdSSR damals, und heute noch, im Diercke-Weltatlas.

Und weil ich so ein Feigling war, habe ich nicht etwa den blauen geklaut, nein, einen braunen, den alten, wie wir ihn in der fünften Klasse noch benutzten. Er steht noch heute in meinem Regal, ganz unten, direkt neben den MEW-Bänden, die mir meine Eltern schenkten. Was für eine leckere Welt in meinem Zimmer: Deutschland in den Grenzen von 1937 und daneben Marx und Engels. Renate und Eberhard würden ausrasten.

Im Brief meiner Schule ging es um etwas ganz anderes, um die Einladung zum Klassentreffen. KLASSENTREFFEN. Was für ein Erinnerungsflash! Zehn Jahre zuvor hatte ich Abi gemacht. Hey, das musste gefeiert werden. Keine dreißig und schon alt. Veteranentreffen der Erinnerungsbrigade, Oldie-Meeting der »Weißt du noch?«-Junkies – und ich mittendrin.

Das »Orga-Team« des Klassentreffens, die nannten sich wirklich so, das »Orga-Team« hatte alles bis ins Detail geplant. Ein Fragebogen war beigelegt, um den Smalltalk zu minimieren: »Welchen Film hast du als Letztes gesehen? Was wolltest du nach dem Abi werden? Was machst du jetzt?« Meine Hobbys sind Musik, Lesen und Partys. Aber auch was zum Ankreuzen: »Familienstand und Einkommen«. Natürlich habe ich beim Einkommen geschummelt und bei »Familienstand« gab ich »ledig« an. Nur so. Man konnte ja nicht wissen.

Das Orga-Team, das eigentlich nur aus Harald und Astrid Meyer, geborene von Ginten, bestand, hatte wirklich an alles gedacht. Der Nebenraum einer Kneipe war reserviert, treffen aber wollten wir uns an unserer Schule. Und zwar in unserem alten Klassenzimmer. Die perfekte Inszenierung der Vergangenheit, wenn man die frühere Unsicherheit an diesem Ort mal beiseitelässt. Die Mädchen erschienen allesamt im Kostüm und keineswegs schüchtern. Und die Jungs kamen in endlich sitzenden Konfirmationsanzügen und mit diesem Werbespotgrinsen im Gesicht.

»Mein Auto, mein Haus, mein Pferd.« Lauter viel zu große 15-Jährige in ihrem alten Klassenzimmer. Hallo 8a – und nun Vergangenheit, steh auf!

Wir saßen an unseren alten Schulbänken – Gott, waren die klein –; ich wollte spontan ein paar Bücher aufbauen, damit niemand abschreiben konnte. Die alten Schulbänke, in die wir damals mit der einzigen Waffe, die uns zur Verfügung stand, dem Zirkelset, für alle Ewigkeit AC/DC einritzten. Ich erkannte sogar meine alte Bank wieder, weil bei AC/DC der Blitz verkehrt rum war. Natürlich war die alte Zeit sofort präsent, was denn sonst. Mir kam die alles entscheidende Frage wieder in den Sinn: Geha oder Pelikan?

Und dies ins Stammbuch, für die Ewigkeit: Pelikan war der Füller für die Turnbeutelvergesser! Hartnäckig hielt sich zwar das Gerücht, Pelikan ließe sich leichter wegkillern. Dazu kann ich nur sagen: Wer wirklich lässig war, der brauchte keinen Tintenkiller! Natürlich gab es auch die ganz Schlauen, die nur noch mit der Schreibseite des Tintenkillers schrieben, wie lässig, nur dass sich das natürlich dann nicht mehr wegkillern ließ. Man musste es ausradieren. Regelrechte Löcher wurden da in die Hefte radiert, mit dem Ratzefummel. Ich habe den Geruch noch heute in der Nase. Der Ratzefummel war die Einstiegs-Schnüffeldroge, speziell die blaue Seite!

Geha war aber auf jeden Fall cooler als Pelikan. Klar, einige benutzten Parker-Füller oder Lamy. Parker war was für die Besserverdienenden und die Lamy-Schreiber wurden schwul – so war das.

Der große Vorteil des Geha-Füllers war vor allem, dass

das Plastikkügelchen in der Tintenpatrone unversehrt blieb, es konnte mühelos mit dem Zirkel entfernt und gesammelt werden. Und dann wiederum mit dem Zirkel ein Loch in die Schulbank geritzt, zum Geodreieck gegriffen und auf zum Tischgolf – herrlich. Erwin Moser, man hätte es ihm nicht angesehen, war der Top-Scorer. Er besaß allerdings auch den geilsten Court. Er hatte nicht nur Löcher, sondern sogar einen Wassergraben ausgehoben und durch feinste Schraffur des Pressspans ein perfektes Grün geschaffen. Inklusive eines Käsefähnchens von Mutters Tupper-Party. Im Golfen war der dicke Erwin unschlagbar.

Die Disziplin, in der ich brillierte, war das Casio-Uhr-Wettpiepsen. Heute ärgern die Kids ihre Lehrer mit Handys und SMS-Verschickungen. Ich finde, wir haben den Unterricht früher kreativer gestört. O ja, jeder besaß eine Casio-Digitaluhr mit Stopp-Funktion, und die piepten, aber hallo! Um die kürzeste Zeit ging's, Start und gleich wieder Stopp. Mein bis heute noch nicht einmal von Harald Meyer zu unterbietender Rekord lag bei vier Hundertstel. Mein Gott, war ich stolz. Gut, SMS ließen sich mit den Uhren keine verschicken, sprachen wir eben miteinander. Und: Es war kein Untergang, wenn einem die Casio abgenommen wurde. Die Zeit stand ohnehin still.

Das durfte doch alles nicht wahr sein, ich war gerade mal zehn Minuten im Kreise meiner alten Mitschüler und schon komplett in einer anderen Zeit. Noch mal zehn Minuten, dachte ich, und ich schwärme wieder für Katja Berger. Schöne Scheiße. Wo war sie eigentlich?

Bevor ich mich richtig umgucken konnte, setzte sich der Tross in Bewegung, zu einem Rundgang durch die Schule. Am Sekretariat vorbei, am Schwarzen Brett und natürlich in die Turnhalle. Scheußliche Erinnerungen das. Meine Fresse, bei meinen Leistungen in Sport hätte ich auch mit Lamy schreiben können. Schlagball nach hinten und für meine Zeiten über hundert Meter hätte sich so mancher Langstreckenläufer in Grund und Boden geschämt. Was habe ich die Mädchen um den Stufenbarren beneidet. Wir Jungs mussten über den Längskasten. Ganz üble Verletzungen waren das, unten rum.

Jetzt sah ich Katja Berger. Hatte sich eigentlich gar nicht so verändert. »Verlagskauffrau« hatte sie in den Fragebogen geschrieben und »ledig«. Strike! Ich versuchte, sie mir im Bett vorzustellen. Sorry, *first cut is the deepest*, die erste Liebe haut am meisten rein. Vor ein paar Jahren rief sie mich mal an, sie sei zufällig in der Stadt, hm, hm, ich hatte keine Zeit. Ob Frauen das auch machen? Den Kalender durchgehen und überlegen, wen man mal wieder anrufen könnte? Männer kennen das: Mal wieder eine alte Freundin anrufen, einfach so, und dann hat man einen fremden Typen in der Leitung.

»Nein tut mir leid, die ist nicht da, meine Frau kommt heute erst spät heim.« Scheiße. Zug abgefahren – vor 15 Jahren.

Katja sah gut aus, keine Frage. Ihr ebenmäßiges Gesicht, die halblangen, dunklen Haare. Wie früher. Ihre Aufmachung – auch wie früher: Sie trug ein unauffälliges, beiges Kleid und eine weiße Strickjacke drüber. So ein Jäckchen mit Strickmuster, ein Romanistik-Studentinnen-Jäckchen.

Nicht zwingend sexy, dachte ich. Aber was soll's. Sie lächelte mich an. Heute oder nie ...

Die Kneipe, die das Orga-Team des Klassentreffens ausgewählt hatte, war furchtbar. Ein Hinterzimmer mit Hirschgeweihen an der Wand und Pokalen in der Vitrine. Guck an, der ATSV Kirchseeon war 1976 Bezirksmeister. Wow.

Wir nahmen an zwei langen Tafeln Platz – ideal für intime Unterhaltungen. Irgendwer hielt eine Rede. Katja Berger saß mir schräg gegenüber, vier Stühle versetzt; nah genug, dass ich sie ständig anstarren musste, und viel zu weit weg, um ein Gespräch zu führen. Aber nach dem Essen könnte man das ja auflockern, sagte irgendwer. Im gemütlichen Teil. Könnte man. Außerdem hätte einer auch Musik mitgebracht, für nach dem Essen. Hätte er. Für den gemütlichen Teil. Aber erst was essen. Ohne Musik. Man wolle sich ja auch unterhalten. »Es gibt übrigens zwei Menüs. Eins mit Fleisch und eins für, ach wo wir gerade dabei sind ...« Nachher im gemütlichen Teil sei es ja egal, aber wenn die Raucher jetzt vielleicht ...? Auch wegen dem Essen. Es heißt wegen des Essens. Ha, ha, ha. Deutsch Leistungskurs. Zwei Menüs, wie gesagt. Außerdem hätte man sich ja bestimmt viel zu erzählen. Nach all der Zeit. Und später gäb's dann ja noch Musik. Im gemütlichen Teil. Zum Auflockern. Aber jetzt essen. Musik später – und alte Klassenfotos hätte einer noch dabei, wenn nachher vielleicht jemand? Im gemütlichen Teil.

Es wird ihn nicht geben. Definitiv keinen gemütlichen Teil, nicht hier, nicht heute, nicht im Kreise dieser Menschen. Wer hat uns eigentlich so kaputtgemacht? Wer hat unsere Sprache zerstört? Ich will keinen gemütlichen Teil, Katja, sag doch was!

Ich erinnerte mich, wie ich früher manchmal mit Katja Tischtennis gespielt habe. Im Freibad. Auf der Tischtennisplatte aus Beton, mit dem eisernen Netz. Es war die Zeit, in der es noch uncool war, gegen Mädchen zu verlieren, aber interessant fand man sie dennoch. Seltsam geheimnisvoll. Um sie zu ärgern, schnitt ich die Bälle gelegentlich an, und sie sagte: »Männo! Ohne schnibbeln!« Mein Gott, was für Welten liegen doch zwischen »später, im gemütlichen Teil« und »Männo! Ohne schnibbeln!«.

Ich stocherte lustlos in meinem Essen, schwieg die meiste Zeit und trank. Katja unterhielt sich die ganze Zeit mit Frau Bürmer-Lechler, der Sozialkunde- und Erdkundelehrerin – Master of Diercke-Weltatlas. Das Klassentreffen zog an mir vorüber, Musik gab es natürlich keine, auch nach dem Essen nicht, die Sitzordnung wurde nicht aufgehoben, der gemütliche Teil verlief in Reih und Glied. Ich glotzte Katja an, trank mir den Abend schön und ließ meinem Testosteron freien Lauf. Mit mäßigem Erfolg.

Was mir vor allem auffiel, waren ihre Hände. Verlagskauffrauenhände, dachte ich. Sehr lange und dünne Finger. Und alle zwei Minuten griff sie in ihre Handtasche, ja, eine Yves-Rocher-Imitattasche, und holte eine Weleda-Handcreme heraus, um sich die Hände einzucremen. Alle zwei Minuten! Sie drückte mit der einen Hand einen satten, gelblichen Wurm aus der Tube auf den Rücken der anderen Hand und verrieb ihn mit hastigen Bewegungen. Dann wiederholte sie die Prozedur seitenverkehrt. Als ob sie es für mich täte. Und immer nahm sie viel zu viel von der eklig-dickflüssigen Creme. Weleda, man gönnt sich ja sonst nichts. Rudolf-Steiner-Paste, wie sie auch die Renate benutzt. Das Zeug zog überhaupt nicht ein und sie manschte schon wieder ein paar Klekse aus der Tube auf ihre Hand. Wie eine Manie, die Hände waren mit einem schmoddrigen Film überzogen. Anthroposophen-Sperma. Ich bemerkte, wie ich mich regelrecht ekelte. Ihr schien es ähnlich zu gehen, denn nach jedem Einreiben zückte sie ein Tempo-Taschentuch und wischte sich damit nervös über die Hände. Dabei blieben kleine Papierfetzen an ihren Fingern hängen, die sich beim abermaligen Cremen auf ihren Handrücken zu bräunlichen Würsten rollten. Und wieder griff sie mit ihren total verklebten Fingern nach einem Taschentuch. Jetzt hingen schon größere Fetzen an ihrer Hand. Sie schien das gar nicht zu bemerken und schmierte erneut Paste auf ihre Finger. Wenn sie so weitermacht, dachte ich, wird sie zur Mumie. Was für ein Schauspiel: die Mumifizierung einer Jugendliebe.

Ich hakte den Abend ab. Die Ersten gingen, sei doch toll gewesen und schön, dass man sich mal wieder gesehen habe, und »wirklich, kein Stück verändert. Bis dann.« In zwei Monaten werde ich dreißig, dachte ich. Und trank weiter.

Auf einmal stand Katja auf. Resolut wischte sie sich ihre Hände an der Strickjacke ab, nahm ihre Tasche, grüßte in die Runde und ging. Aus dem Augenwinkel sah ich sie an der Kasse stehen und zahlen. Vielleicht war ich zu betrunken oder neugierig oder einfach nur geil. Auf jeden Fall erhob ich mich auch und »macht's gut« und »nein, war doch gemütlich« und »ja, bis in zehn Jahren.«

Ich beglich ebenfalls meine Rechnung und hastete ins Freie.

Katja schien auf mich gewartet zu haben. Sie stand an einer Straßenlaterne und sagte:

»Komm mit.«

Mannomann, schräger als es ohnehin schon war, konnte es eigentlich nicht mehr werden. Schweigend gingen wir eine Weile in Richtung Gemeindezentrum. Als wir das Freibad passierten, stoppte sie und meinte:

»Ich muss dir etwas sagen, hilfst du mir bitte.«

Sie machte Anstalten, über den Zaun des Bades zu klettern.

»Katja, was soll das? Findest du nicht, dass wir zu alt für so 'nen Scheiß sind?«

Sie hatte den Zaun schon erklommen.

»Und wenn wir erwischt werden?« Sie sagte nur:

»Komm! Ich muss das tun.«

»Fuck, ich fand es früher schon scheiße, ins Freibad einzusteigen.«

»Heute ist aber nicht früher«, sagte sie.

Wie wahr! Was ging hier eigentlich ab? Romeo und Julia gehen ins Wasser? Ein tragischer Unfall ereignete sich gestern in der örtlichen Badeanstalt. Was wollte sie? Die alten Zeiten wiederauferstehen lassen? Mir ihre todtraurige Geschichte erzählen? Das größte Sexabenteuer ihres Lebens, mit Weleda-Creme als Vaselin-Ersatz?

Ich stieg ebenfalls über den Zaun. Katja war in der Zwischenzeit zu den Tischtennisplatten gegangen. Ich setzte mich neben sie auf den Beton. Sie sagte:

»Schon verrückt, hier zu sitzen.«

»Ich find's eigentlich eher kalt.« Sie sagte:

»Ohne schnibbeln.«

Das durfte doch nicht wahr sein. Sie lächelte.

»Weißt du, wann ich mich in dich verliebt habe? Das war hier im Freibad, als ihr Jungs alle auf den Zehner gestiegen seid, um uns zu imponieren. Alle sind gesprungen, nur du bist wieder runtergeklettert. Da habe ich mich in dich verliebt. Aber du hast dich so geschämt, dass du gleich nach Hause gegangen bist. Da wusste ich, das wird nie was mit uns. Dabei«, und das Letzte sagte sie fast unter Tränen, »dabei habe ich mir so gewünscht, dass du es bist, der mir den Rücken eincremt.«

Jetzt heulte ich auch fast, und mir fiel der Satz wieder ein, der damals auf dem Sprungturm kursierte: Bangemachen giltet nicht. Okay. Bangemachen giltet nicht. Ich strich Katja über die Wange, griff nach ihrer Tasche und holte die Creme heraus. Sie zog ihr albernes Jäckchen aus, und ich streifte die Spaghettiträger ihres Kleides zur Seite. Es rutschte nach unten, und ich begann ihr die Schultern einzureiben. So gut es mit dieser Paste eben ging. Ganz sanft massierte ich die Creme in ihre Haut. Sie beugte sich nach vorne, sodass ich nicht an ihre Haare kam. Mit den Händen bedeckte sie ihre Brüste. Ich verrieb die Creme auf ihren Schultern, ihrem Hals, ihrem Rücken. Einmal straffte sich ihr Körper, und sie seufzte kaum hörbar. Ich massierte sie weiter. Irgendwann richtete sie sich auf, streifte die Träger hoch und lächelte mich an.

»Verrückt, nicht?«

Ich zog sie an mich heran und wollte sie küssen, aber sie legte mir den Finger auf den Mund. Er roch nach Creme.

Sie schwieg und blickte zum Becken. Okay, dachte ich, wie du willst. Ich stand auf und ging zum Sprungturm. Langsam kletterte ich die Stufen hinauf, am Dreier vorbei, am Fünfer, am Siebenfünfer. Bis oben. Ich sah zu ihr hinab. Von hier sah sie sehr klein aus, fast zerbrechlich. Ich stand auf dem Zehner, zum zweiten Mal in meinem Leben. Komischerweise dachte ich kurz an meine Eltern, zu denen ich mich damals flüchtete. Wird man die denn nie los? Ich zog die Schuhe aus, die Strümpfe, Hose, Hemd. Die Unterhose behielt ich an, nicht wegen Katja, ich hatte mal von unschönen Verletzungen gehört. Vorsichtig ging ich nach vorne, zum Ende des Bretts, und breitete die Arme aus. Katja rief, und ich wusste nicht, ob als Anfeuerung oder Warnung:

»Männo!«

Ich brüllte, mehr zu mir als zu ihr:

»Bangemachen giltet nicht!«

Und sprang. Kerzengerade, mit den Füßen nach unten flog ich und tauchte ein. Meine Füße schmerzten ein wenig, aber das war es wert. O ja, das war es. Ich schwamm an den Beckenrand, stieg aus dem Wasser und ging zur Tischtennisplatte.

Katja war fort. Ich sah mich um, rief ihren Namen, nichts. Lediglich ihre Taschentücher und die halb leere Weleda-Tube lagen noch dort.

So musste das wohl laufen, ich konnte ihr noch nicht mal böse sein. Schließlich hatte ich die Wahl gehabt. Mir war saukalt, und ich ging wieder zum Sprungturm. Um meine Sachen zu holen. Diesmal kletterte ich runter.

Jedes Mal, wenn ich vor dem Laden stehe, schaue ich, ob die Alarmanlage aus ist. Und irgendwann tue ich's. Ich stürme rein, vorbei an der Schlange, und brülle: »Wenn alle ruhig bleiben, passiert keinem was! Und jetzt her mit dem Zeug, aber dalli! Mit reichlich Ketchup und Mayo in kleinen, gebrauchten und nicht fortlaufend nummerierten Tüten!« Ich weiß noch nicht mal, ob das als Überfall gilt oder als Mundraub. Egal.

Hey, ihr Yuppies, ihr Börsenjunkies und Ciabattabrotfresser, es gibt nur drei Dinge, die wichtig sind im Leben: ›Pet Sounds‹ von den Beach Boys, eine Göttin hinterm Tresen mit einem Lächeln für die Ewigkeit, und natürlich »Pommes rot-weiß«. Das ist Glück. Das ist Liebe.

Und wenn diese drei Dinge zusammenkommen, in einem Laden zusammenfallen, dann nenne ich das »more than a bank«.

Wieso läuft in solchen Momenten eigent-lich immer Udo Jürgens?

»Die hat das doch von Anfang an geplant«, sagte der Mann am Tresen. Nicht, dass ich ihn gefragt hätte.

»Ich hab' immer alles gezahlt. Kegeln und schick essen und alles. Sie hatte es gut. Ich hab' sie doch da erst rausgeholt und über-haupt«, brüllte er, »und dann brennt diese Thai-Schlampe mit dem Kellner durch!«

Rechnung ohne den Wirt gemacht.

»Ich war noch niemals in New York«, tönte der Lautsprecher.

Da kommst du auch nicht mehr hin, dachte ich.

»Die Schlampe liegt jetzt irgendwo in der Sonne, und ich?« Verurteilt zu lebensläng-lich Bratwurst und Herrengedeck, dachte ich. Ohne Bewährung.

Das perfekte Café

Zwei Behauptungen vorneweg. Erstens: Es gibt so etwas wie »das perfekte Café«. Zweitens: Ich kann das beurteilen.

Zu einem untrüglichen Urteil befähigt mich zunächst einmal die Tatsache, dass ich Kaffeetrinker bin. Wäre ich Teetrinker, würde ich die Klappe halten, was auch prinzipiell wünschenswert wäre, denn Teetrinker haben schlechte Haut, bombardieren einen mit Kettenbriefen und lesen Hermann Hesse. Außerdem trinken sie ihr Gesöff am liebsten zu Hause, wo man die Schuhe ausziehen muss, wo Indianer-Poster rumhängen und Kerzen im Stövchen glimmen. Teetrinker kauen einem das Ohr ab und zum Rauchen muss man auf den Balkon. So.

Kaffeetrinker sind also schon mal die besseren Menschen, und ich trinke nicht nur Kaffee, ich bin süchtig. Weil diese Droge legal ist, sehe ich darin auch kein Problem. Schon als kleiner Junge wusste ich, dass das Kinderlied »C-A-F-F-E-E, trink nicht zu viel Kaffee« nicht nur rassistisch, sondern vor allem Unsinn ist, mehr noch, ich wurde mit Koffein gestillt, was mir bis heute nicht geschadet hat. Und kurz nachdem mir die emanzipierte Renate die Brust entzogen hatte, floh ich in die Welt. Daheim ist es nämlich keineswegs am schönsten, daheim gibt es Filterplörre, der Service lässt zu wünschen übrig und außerdem muss man abspülen. Seitdem halte ich mich vorzugsweise in Kaffeehäusern auf, ich esse, trinke, lese, schlafe und schreibe dort. Ich schätze die Nähe zu meinem Dealer. Man kann sogar sagen: Erst das Café hat mich zu einem reifen Menschen gemacht. Die Geschichte hält für solche wie mich die Begriffe »Flaneur«, »Dandy« oder auch »Kaffeehausliterat« bereit, auf jeden Fall kenne ich mich aus, womit die zweite Behauptung auch schon bewiesen wäre.

Mit der ersten ist es ungleich schwieriger, denn die Suche nach dem »perfekten Café« ist eine langwierige und will mit der größten Sorgfalt angegangen werden.

Zuvorderst ist zu beachten, dass im Bedienungsbereich niemals Berliner Verhältnisse erreicht werden. Kellner ist ein Ausbildungsberuf und kein Casting für Vorabendserien. »Weißt du, in echt bin ich nämlich Schauspielerin.« Und deswegen bringen sie einem, wenn überhaupt, nur äußerst widerwillig etwas zu trinken. »Ich kann so nicht arbeiten.«

All diesen Schnallen sei der großartige Dialog ins Stammbuch geschrieben, in dem Woody Allen eine dunkelhäutige Nutte fragt, ob sie wisse, was ein schwarzes Loch sei. Und die Hure antwortet: »Ich verdiene mein Geld damit, Schätzchen.«

»Und wie ist das so?«, fragt Woody. »Ich meine, täglich, mit Männern, für Geld …?«

»Immer noch besser als Kellnern.«

Die männlichen Pendants zu den Möchtegern-Servicekräften gehen fünfmal die Woche zum »Workout«, tragen ihre Muskeln im Café spazieren, aber einen Kaffee zu servieren überfordert sie physisch wie psychisch.

So darf es natürlich nicht sein, wobei selbstredend auch die übertriebene Freundlichkeit, wie sie unsere amerikanischen Freunde an den Tag legen, abzulehnen ist. In den USA erhalten die Bedienungen bekanntlich kein Gehalt, sondern verdienen ausschließlich am Trinkgeld. Das hat zur Folge, dass auf jeden Gast drei Kellner kommen, die alle zwei Minuten fragen, ob man noch etwas wünsche, ob es geschmeckt habe, ob alles in Ordnung sei, ob man Deutscher sei, wie es einem denn gefalle im Land der unbegrenzten Möglichkeiten. Die dann ungefragt erzählen, dass ihr Urgroßvater mütterlicherseits auch Deutscher gewesen sei, dass sie überhaupt Deutschland toll fänden, das Oktoberfest und »Highdelbourgh«. Ich will aber den Kellner nicht dafür bezahlen, dass er den Mund hält. Erschwerend kommt hinzu, dass in amerikanischen Gasthäusern der Kaffee oftmals gratis ist, und zwar *as much as you can*, weswegen alle fünf Sekunden nachgeschenkt wird. Ein Getränk jedoch, das nichts kostet, kann per se kein gutes Getränk sein.

Beim Service gilt, wie so oft, die goldene Mitte. Cafébedienungen sollen weder speichelleckende Seelsorger sein noch arrogante Arschlöcher, sondern vor allem kompetent. Kaffeehauskellner sollen sich in erster Linie durch die korrekte Zubereitung von Kaffee auszeichnen. Nicht zu heiß, nicht zu kalt, und vor allem in gebotener Zeit hat das Getränk in ansprechende und dafür vorgesehene Gefäße gefüllt zu werden, und diese sollen dann serviert werden, ohne zu kleckern.

Womit wir auch schon bei der zweiten Conclusio wären, der Auswahl. Die Karte des perfekten Cafés führt folgende koffeinhaltige Heißgetränke auf: Kaffee, Espresso (in vorgewärmten Tassen), Cappuccino und Milchkaffee. Alles andere ist Schnickschnack. Mehr noch: Der gegenwärtig grassierende italophile Trend in deutschen Cafés ist samt und sonders zu geißeln. Ich will keine Latte-Macchiato-mit-doppio-Espresso-im-Glas-aber-Giovannisei-so-gut-mit-extra-viel-Milchschaum. In den Ausguss damit. Wie lange haben wir gebraucht, der deutschen Gastronomie die Sprühsahne auf dem Kaffee Hag abzugewöhnen? Jahre! Und alles nur dafür, dass ein wahrer Milchschaum-Overkill einsetzte, womit es jetzt schon wieder super subversiv trendy ist, seinen Cappuccino »mit Sahne« zu bestellen! (Ach so: Koffeinfreier Kaffee ist wie Wichsen ohne Hände! Entschuldigung, aber es ist doch so.)

Und noch was: Ein Kaffeehaus ist ein Kaffeehaus ist ein Kaffeehaus. Kein »Bistro«, kein »Coffee-Shop« und schon gar keine »Lounge«. (Früher trank man noch ein »Feierabendbier« in der »Kneipe«, heute geht es zur »After-Work-Party« in die Lounge. Mein Gott: Junge Menschen, die keinen Schimmer davon haben, was »Work« eigentlich ist, feiern »After-Work-Partys«!) Ich ertrage sie nicht, diese beschlipsten 23-jährigen »Man muss auch an später denken«-Sager, wie sie sich mit ihren langberockten New-Economy-Mäuschen auf ein »Käffchen« verabreden und über ihr lächerliches Leben quatschen.

»Du, es muss für dich stimmen«, sagen die Business-Frauen-Darstellerinnen dann, und »quattro espressis« später lautet die politische Kernaussage: »Ach, die Welt ... ach, ja ... ach – Hauptsache, es ist Rucola-Salat dabei.«

Zurück zum Thema: Wenn man genau hinsieht, kristallisieren sich zwei Kaffeehaustypen heraus. Zum einen: das »Kevin-Marcel-Café«. Hier trifft sich die Jugend. Markenbewusst in Anglerhut und tiefergelegte Jeans gewandet, nippt sie an »Cola mit Red Bull«, hört Musik, die sie nicht versteht, und wartet aufs Erbe.

»Es is' fett krass. Ich bin in einem Haus mit 17 Zimmern groß geworden. Is' doch klar, dass man da orientierungslos aufwächst.«

Das Kevin-Marcel-Café heißt gerne »Roxy« oder »C@fé @m M@rktpl@tz«, und es ist gut, dass es da ist – so sind die Kids schon mal weg von der Straße.

Das sozialpolitisch ebenso notwendige Gegenstück ist das »Oma-Café«. Es war immer schon da, wird immer da sein, und einen Platz findet man nur, wenn ein Stammgast stirbt. Im Oma-Café parlieren die Senioren über die Monarchie oder blättern in den Todesanzeigen, sie vertilgen Sahnebomben, schlürfen Kaffee mit Dosenmilch, und Wasser gibt es nicht zum Trinken, sondern, um das Kukident aufzulösen. Gemütlich ist's, hier fiept kein Handy, nur ab und an ein Hörgerät, lauschig liegen Deckchen und anderes Stickwerk auf dem in fröhlichem Kackbraun gehaltenen Interieur. Die zentralen Sätze im Oma-Café lauten: »Unter Hitler hätt's das nicht gegeben«, respektive: »Draußen nur Kännchen.«

Sehr alt und ganz jung scheiden demzufolge schon mal aus. Beide Kaffeehaustypen haben mit dem perfekten Café nichts zu tun. Was aber dann? Es ist an der Zeit, die Suche annäherungsweise zu einem Ende zu führen. Hier also die zehn ultimativen Regeln für das perfekte Café:

1. Das perfekte Café öffnet sehr früh und hat auf bis in die Puppen. Nicht selten schließt das perfekte Café gar nicht, und dem Besitzer sieht man das auch an.

2. Sitzen kann man im perfekten Café draußen wie drinnen, wobei die Stühle draußen auf gar keinen Fall aus Plastik sein dürfen und schon gar nicht angekettet. Ein Kaffeehaus, dem die Stühle gestohlen werden, hat es nicht besser verdient.

3. Selbstredend darf man rauchen. Entschließt sich ein Kaffeehaus dazu, den gesetzlichen Vorgaben bezüglich des Rauchverbotes Folge zu leisten, hat es bereits verloren. Es wird nicht lange dauern, und der Wirt veranstaltet »Chanson-Abende« und möchte als SPD-Kandidat in den Gemeinderat.

4. Einen ganz wichtigen Punkt im Regelwerk des perfekten Cafés stellt das Essen dar. Erlaubt ist alles, Hauptsache, es gibt zu jeder Zeit Frühstück. Niemals aber darf auf der Karte ein »Wellness-«, »Jogger-« oder »Fitness-Frühstück« verzeichnet sein. Die deutsche Sprache hält für Grundnahrungsmittel exakte Begriffe bereit; ist ein Kaffeehaus-Inhaber dieser nicht mächtig, muss er eben noch einmal ganz von vorne anfangen. (*And don't forget*: Der Weg vom Tellerwäscher zum Perfekten-Café-Besitzer ist hart und steinig.)

4. a) Die Hölle, das sind nicht die anderen, sondern Cafés, in denen ein »Brunch« angeboten wird. Brunch ist Beschiss, man lädt sich immer das Falsche auf den Teller und vor allem zu viel davon, der Platz auf dem Tisch reicht nie, das Ganze endet stets in einer Riesensauerei und übergeben muss man sich meistens auch

noch. Von der »heißen Schlacht am kalten Buffet« sang weiland Reinhard Mey – schön war das nicht, aber er hatte recht.

4. b) Menschen, die Brunch gut finden und das auch so sagen – »Du, lass uns doch mal wieder brunchen« –, gehen auch zu Reinhard-Mey-Konzerten. Wo sie im Übrigen sehr gut aufgehoben sind.

5. Apropos Menschen: Der Besuch in einem perfekten Café beinhaltet zwingend das Beobachten schöner Menschen, welche in mannigfaltiger Zahl vorüberschlendern. Will sagen: Niemals wird ein Kaffeehaus perfekt sein in einer Stadt ohne schöne Menschen. (Karlsruhe, Braunschweig und Wuppertal scheiden also leider aus.) Genauso verhält es sich mit Städten und Gegenden, in denen immer Winter ist. (Magdeburg, Husum und das gesamte Sauerland – raus.)

6. Entgegen der landläufigen Meinung (und der Kernaussage aller Woody-Allen-Filme), dass der Kneipier dein Freund ist, darf man nicht anschreiben lassen. Im perfekten Café gibt es keinen »Deckel« – was Bier-Trinkhallen machen, ist deren Sache –, Kaffee jedoch ist eine Droge, und wer sie nicht bezahlen kann, kriegt keine.

7. Im perfekten Café ist reichlich Lesestoff vorhanden. Zwingend vorgeschrieben sind die ›taz‹, die ›Bunte‹ sowie das Fanzine des ortsansässigen Fußballclubs. (Sorry Heidelberg, aber kein Fußball, kein Fanzine, kein perfektes Café.) An Montagen und Freitagen sollte die ›Süddeutsche Zeitung‹ ausliegen, die ›Frankfurter Rundschau‹ ist nur an Wochenenden obligatorisch.

Die Schweizer ›WOZ‹ und der ›Freitag‹ als Weeklys runden das Bild ab.

Hängt der ›Lettre international‹ am Haken, erhält das Café zehn Bonuspunkte. (Die ›Titanic‹ sowie ausreichend Comics auf dem Klo – weitere zehn Punkte. Abzug dagegen gibt es für den ›Rheinischen Merkur‹ und die ›Brigitte‹.) Absolut inakzeptabel ist die ›WAZ‹. (Und tschüss, Nordrhein-Westfalen!)

8. Kommen wir zum Thema »Kaffee und Kunst«: Nichts gegen Postkarten, Poster und anderen Wandschmuck. Allein, ein Kaffeehaus ist keine Galerie. Werke lokaler Nachwuchs-Chagalle und Schwarzweißfotos aus Kalkutta haben im perfekten Café nichts zu suchen. Und ein Wirt, der meint, Autogrammkarten zweifelhafter Prominenz an die Wand pinnen zu müssen, um zu belegen, dass diese schon mal da war, der schreibe zweihundertmal, und in Schönschrift: »Ich habe meinen Beruf verfehlt.« (Oder aber er eröffne ein »Oma-Café«.)

9. Ein Café kann mit und ohne Musik perfekt sein. Niemals aber darf das ›Köln Concert‹ laufen – und zwar weder das von Keith Jarrett noch das von Wolf Biermann.

10. Köln scheidet völlig aus.

So viel dazu. Und jetzt lernen Sie diese Liste bitte auswendig und überprüfen Ihr Stammcafé. Ich weiß, dass Kaffeetrinker drogensüchtig und von daher oft viel zu tolerant sind, aber gehen Sie so wenig Kompromisse wie nötig ein. Es kann sein, dass Sie die Stadt wechseln müssen, aber Sie werden es mir danken. Nichts gegen euch, Kneipiers, aber letztlich wissen wir es doch alle. Das definitiv wichtigste Ziel im Leben ist es, immer auf der richtigen Seite des Tresens zu stehen. In einem perfekten Kaffeehaus, versteht sich.

Ich habe lange gerätselt, was sich hinter dieser Fassade verbirgt. Das kackbraune Schild, die geschlossenen Rollläden, ein trauriger Bungalow, dem man von außen ansah, wie er innen riecht. Irgendwann rief ich an und fragte. Die Antwort: Man nehme hier »Kontaktanzeigen für Immobilien« entgegen. Ich versuchte mir das vorzustellen:

»Rüstiger Altbau sucht Villa im Grünen. Zuschrift mit Foto unter Chiffre.«

Oder: »Bauernhaus, allein stehend, sucht vollschlanke Doppelhaushälfte. Einliegerwohnung kein Hindernis.«

Immobilien können so verdammt einsam sein. Ich sah mir noch mal die trostlose Fassade an.

»Du, Bungalow«, rief ich, »wirst auf ewig einsam sein! Und zu Recht, denn hinter deinen Eternitplatten arbeiten Makler!« Mir schien, als sei das seelenlose Treiben im Inneren des Gebäudes nach außen diffundiert, damit es jeder sehen konnte. Es gibt noch Gerechtigkeit!

Don't look back in anger.
Eine Schachtelgeschichte

Diese Geschichte heißt Schachtelgeschichte, weil sie in der »Schachtel« beginnt. Älter werden hat auch mit Kneipen zu tun, und früher war die Schachtel eben noch eine Kneipe, unser Stammlokal, der richtige Name war »Brau-Stube« oder »Bürger-Keller«, für uns war es einfach das »Stüberl«.

»Um acht im Stüberl?«, fragten wir oder: »Checkst du später noch ins Stüberl?« So fragten wir früher und die Antwort war klar. Nicht ja, nicht nein, sondern: wahrscheinlich. »Wattscheins«, wie wir damals sagten, mit den Variationen »wattschinsen« und »wackatschunsen«.

»Später noch ins Stüberl?«

»Wattscheins.«

»Wattschinsen kommst du, oder?«

»Hey, wackatschunsen!«

Kurzes Nicken, Handshake. Um acht saßen wir dann im Stüberl und tranken Bier. Oder Radler. Oder diskutierten den Unterschied zwischen einer »Radler-« und einer »Russenmaß«.

»Sprite oder Zitronenlimo?«

»Hey, wattschinsen Sprite!«

Erwin trank immer »Neger«, Bier mit Cola, »noch so ein dunkelhäutiges Getränk, bitte«, sagte er. Erwin hatte aber auch am meisten Geld, gelegentlich bestellte er sogar etwas zu essen. Dafür reichte es bei uns nie. Cevapcici aß Erwin immer,

»Hundsträmmerl mit Zwiebel«, wie er sagte, »und noch 'n Dunkelhäutiges«.

Heute heißt das Stüberl »Schachtel«. Der Besitzer hat gewechselt.

»Gar nicht so uncool, die Corporate Identity«, erklärt mir Harald, »hatte eh immer so was Verschachteltes, das Stüberl.«

Die Corporate Identity sieht so aus, dass alles voller Schachteln ist. Auf den Tischen, an den Wänden, kleine Schachteln aus Pappe, größere aus Holz, Schuhkartons, Pakete. Die Gewürze stehen in einer Schachtel, die Zuckerstreuer, sogar das Besteck wird in extra dafür angefertigten länglichen Schachteln bereitgestellt.

»Werden echt oft geklaut«, erklärt uns der neue Besitzer nicht ohne Stolz.

Auf der Karte gibt es ein »Schachtelfrühstück«, ein »Schachtel-Menue«, die Cevapcici heißen sinnigerweise »Schlacht-Schachtel«.

»So uncool ist das gar nicht«, sagt Harald und tippt irgendwas in sein Handy. Er stand dem Neuen schon immer aufgeschlossen gegenüber. Aus dem Lautsprecher dröhnt bestimmt schon zum dritten Mal ›Living in a box‹. Natürlich.

»Gar nicht so uncool«, sagt Harald.

»Living in a carton box.«

Haralds Haare sind etwas schütter geworden, aber wie er so dasitzt, sehe ich den Harald von früher vor mir, den kleinen Meyer mit Zahnspange und der viel zu großen Brille. Harald, der Antiheld, einem Schneider-Buch entsprungen, von Enid Blyton, Harald, der kleinste der fünf Freunde. Wobei wir vier waren. Ich kann mich nicht daran erinnern, dass Harald seine Zahnspange je getragen hätte, sie baumelte immer nur in dieser roten Plastikbox an seinem Hals. Neben dem Umhänge-Geldbeutel. Schachteln eben. Der Geldbeutel war ebenfalls aus Plastik, oval und zum Aufschrauben, ein Preis der Sparkasse.

Die Sparkasse hatte einen Lyrikwettbewerb ausgeschrieben und Harald hatte gewonnen. Ich erinnere mich nicht mehr an das Gedicht, nur noch an das Thema des Wettbewerbes: »Geld allein macht nicht glücklich.« Bemerkenswert. Ich weiß noch, dass wir alle mitmachten, Erwin, Harald, Wolfi und ich, dass wir sogar im Stüberl saßen und unsere Gedichte verglichen. Erwin schrieb natürlich Unsinn, reimte »Preis« auf »Scheiß« und so weiter, aber insgeheim gaben wir uns alle Mühe, weil es diese Plastikgeldbox nirgends zu kaufen gab und weil wir sie alle haben wollten. Sie war wasserdicht, und wenn ich mich recht erinnere, hatte Harald sie sogar am Meer dabei. Damals. Mein Gedicht handelte von Dagobert Duck und wie er immer unglücklicher wurde, trotz seines vielen Geldes. Die anderen konnten ja nicht baden im *Gold*, das konnte nur Dagobert, wenn Donald und seine Neffen in den Speicher sprangen, machte es »boing«. Geld ist nur für Reiche flüssig. Dagobert brachte sich dann um, in meinem Gedicht, er sprang von einer hohen Brücke, in richtiges Wasser sprang er, und war tot. Mein Gedicht schaffte es nicht mal in die Endausscheidung.

»'ne lässige Funke«, sagt Harald, als Erwins Handy klingelt.

»Wo bist du?«, fragt Erwin in sein Telefon.

Jetzt piept Wolfis Handy die Melodie von *Star Wars* und auch Wolfi fragt sein unsichtbares Gegenüber: »Wo bist du?«

Der unvermeidbare Handysatz. Menschen auf der Suche – »Wo bist du?« Wäre ganz schön albern gewesen, früher so etwas zu fragen. Wenn wir uns zum Schwimmen verabreden wollten oder fürs Stüberl.

»Wo bist du?« – »Ja, wo werde ich wohl sein? Im Flur.«

Am Telefon eben, dem orangen mit dem kurzen Spiralkabel. Wolfis Eltern hatten eins mit Brokatüberzug und die Null auf der Wählscheibe war mit einem Schloss versperrt, damit Wolfi keine Ferngespräche führen konnte. Harald, der außerhalb wohnte, musste deswegen immer von Erwin oder mir angerufen werden.

»Ich verstehe dich nur ganz schlecht«, sagt Wolfi zu wem auch immer, »ich rufe dich später noch mal an.«

»Ich hab kein Netz«, sagt er.

Wieder so ein Satz. »Ich hab kein Netz.« Hätte früher allenfalls ein trauriger Fischer gesagt, am Meer.

»Bei mir laufen unwichtige Anrufe direkt auf die Mobilbox«, sagt Harald, der Schachtelmann.

Noch mal die ›Star-Wars‹-Melodie: »Hör mal, ich habe ganz schlechten Empfang hier«, sagt Wolfi, »was? Wo bist du? Ich rufe dich … Ja. Ja, ich dich auch.«

Ob er mit Katja telefoniert hat? Das wäre das Einzige, was mich hier wirklich interessiert. Ob er mit ihr geschlafen hat, damals?

»Hey, wattscheins«, sagt Wolfi, »wattschinsen ist das beste Teil, das Nokia derzeit hat.« Es entwickelt sich ein angeregtes Gespräch über Mobiltelefone, Computer und Palmtops. Geld sei kein Thema, sagt Harald, »kann ich ja absetzen«.

Was soll ich hier? Jetzt dauert es nicht mehr lange und der Erste erzählt einen Witz. Die »Größer«- und »Besser«-Geschichten gehen uns bald aus und mit den »Weißt du noch«- Storys sind wir auch schon durch. Komisch, dass noch keiner die Geschichte vom Meer erzählt hat, kam sonst eigentlich immer, wenn wir uns mal wieder trafen.

Und erneut die ›Star-Wars‹-Melodie.

»Mach dein Scheiß-Teil doch mal aus«, sagt Erwin.

Ich greife in die Tasche und überprüfe mein eigenes Handy. Es ist abgeschaltet.

»George Lukas hat die ersten Modelle seiner Raum-schiffe übrigens aus Pappschachteln gebaut«, sagt Harald.

»Echt jetzt?«

»Hey, wattschinsen, ohne Scheiß!«

»Die Macht sei mit dir!«

»Geiler Film.«

Eine Weile sagt jetzt keiner mehr was, in Gedanken sind wir Jedi-Ritter.

»Woran erkennst du, dass deine Ehefrau einen Lieb-haber hat?«, fragt Wolfi.

Ich wusste es. Der obligatorische Witz. Der Abend neigt sich dem Ende zu. Schon seltsam, mit den Jungs verbin-det mich nichts, außer dass wir früher schon hier zusam-mensaßen. Reicht wohl. Wäre ich Wolfis Frau, dann hätte ich einen Liebhaber.

»Du erkennst es daran, dass sie dich beim Sex mit einem anderen Vornamen anredet«, sagt Wolfi. »Und dass sie das Buch dabei weglegt.«

Haha. Sollte es tatsächlich Katja sein, wünsche ich mir, dass der Witz einen gewissen Wahrheitsgehalt haben möge.

»Noch so ein dunkelhäutiges Getränk, bitte«, sagt Erwin und der neue Besitzer des Stüberls guckt fragend.

»Sind eben andere Zeiten«, sagt Harald, »weißte noch, wie du am Meer versucht hast, 'n Neger zu bestellen? In Cavalino?«

»Und wattscheins habe ich's auch gekriegt.«

»War schon geil.«

Also doch. Jetzt noch die Story von unserem Trip ans Meer durchkauen und dann gehe ich. Ist ohnehin die einzige Geschichte, die es wert ist, immer wieder erzählt zu werden.

»Hey, endsgeil, wackatschunsen.«

Es war Erwins Idee gewesen, gemeinsam ans Meer zu trampen.

»Jetzt?«, fragte Harald.

»Na, logen«, sagte Erwin, »sofort. Jetzt oder nie.«

»Du hast doch 'n kompletten Hau. Es ist arschkalt draußen.«

»Mach dir nichts ins Hemd, das wird wattschinsen obergeil.«

Wir saßen im Stüberl und machten Pläne, die nie verwirklicht wurden. Außer diesem einen.

»Das können wir nicht bringen«, sagte Wolfi, »bis Montag sind wir im Leben nicht zurück.«

»Erst müssen wir mal dort sein und überhaupt: Scheiß doch auf die Schule.«

»Hey, du Spacko, wir haben Ende April! Außerdem habe ich morgen ein Date mit Katja.«

»Ich müsste erst meine Mutter anrufen«, sagte Harald, »was sollen wir überhaupt am Meer?«

»Arschlecken, hier geht's ums Prinzip.«

Keine Ahnung, wie Erwin es anstellte, uns zu überzeugen, aber es gelang ihm. »Da erzählen wir noch unseren Enkeln von«, sagte er, »austrinken jetzt und los geht's. Wer zuerst da ist, gewinnt. Und der Letzte macht ein Fass auf.«

Jeder sollte auf eigene Faust lostrampen und in Cavalino, am Mittelmeer, wollten wir uns treffen.

»Wenn du dich so anstellst wie beim Fußball, bist du nächstes Jahr noch nicht da«, sagte Wolfi.

»Fresse«, sagte ich, »bis du ankommst, habe ich schon meinen zweiten Sonnenbrand.«

»Schluss, Brüder.« Erwin sprach das Machtwort. »Ab jetzt gilt's. Raus hier, und dann heißt's Daumen in den Wind. Ich werde euch wattscheins dermaßen in den Sack stecken.«

»Halt mir 'nen Liegestuhl frei.«

»Die Macht sei mit euch.«

›Star Wars‹. Wolfis Handy piept wieder. »Wo bist du?«

Das Erstaunliche ist eigentlich nicht, dass wir es damals tatsächlich bis ans Meer geschafft haben, sondern dass wir uns fanden, am Strand von Cavalino. Ohne Mobiltelefone. War damals schon ein Touristennest und ganz schön was los. Aber eineinhalb Tage später saßen wir übernächtigt in der Sonne, alle vier. Wolfi war als Erster angekommen.

»Schatz, ich bin noch in der Kneipe«, sagt er in sein Handy.

»Wie? In der Schachtel. Ja. Holst du mich ab? Ich dich auch.«

Jetzt werde ich es ja sehen. Aber eigentlich will ich gar nicht mehr wissen, ob es Katja ist, die ihn gleich abholt. Ich trinke mein Bier leer.

»Kann ich ja absetzen«, sagt Harald, »mit 'ner Kapital-lebensversicherung fährst du allemal besser.«

»Ach, Arschlecken«, sagt Erwin.

Habe ich was verpasst? Harald und Erwin reden über Vorsorge, über Sparmodelle. Wolfi schaltet sich ein.

»Kommt immer auf den Freibetrag an«, sagt er, »und ab wann du die Kohle tatsächlich brauchst.«

Jetzt reden wir also über die Zukunft. Vergangenheit und Gegenwart sind abgehakt. Auch früher haben wir da-rüber gesprochen, was später kommt. Was jeder mal so machen will. Auch über Geld haben wir geredet. So viel anders ist das jetzt gar nicht. Nur vom Meer spricht kei-ner. Das Thema ist wohl durch.

Eine Nacht blieben wir in Cavalino, dann stiegen wir in den Zug und fuhren heim. Erwins Vater bezahlte die Tickets und der Ärger hielt sich in Grenzen, unsere Eltern waren, glaube ich, ziemlich froh, dass nichts Schlimme-res passiert war. In der Schule allerdings galten wir als Helden.

»Also eins nehme ich noch«, sagt Wolfi, »dann holt mich meine Süße ab.«

»Für mich noch ein Dunkelhäutiges«, sagt Erwin.

Harald spielt mit einem Löffel, klopft damit ein paarmal

auf die Tischplatte und legt ihn dann zurück in die Besteckschachtel.

»Ich bin mal weg«, sage ich.

»Komm, eins geht noch«, sagt Erwin, »so jung kommen wir nicht mehr zusammen.«

Wohl nicht mehr. »Nee, lass mal, ich hau' ab.«

Langsam bin ich mir sicher, dass dies unser letzter gemeinsamer Abend im Stüberl war. Wir haben uns die Geschichte nicht einmal mehr erzählt. Schon vor ein paar Jahren dachte ich, wenn wir irgendwann mal aufhören, uns an den Trip zu erinnern, wenn wir aufhören, die Story zum Besten zu geben, schönzureden, dann war's das.

»Bis zum nächsten Mal«, sagt Harald.

»Ohren steif halten und den Rest geschmeidig hängen lassen.« Erwin klopft mir auf die Schulter.

»Bis dann.«

»Mach's gut, Alter.«

Draußen auf der Straße überlege ich, ob ich warten soll. Gucken, ob es tatsächlich Katja ist. Bestimmt haben sie miteinander geschlafen … Ich lasse das Auto stehen und laufe los. Ein paar Tausend Mal bin ich den Weg sicher gegangen, vom Stüberl nach Hause, also zum Haus meiner Eltern. Am Bahnhof vorbei, den Kanal runter, über die Brücke. Sind einige runtergesprungen damals. Ist jetzt alles neu und ein Riesengeländer dran. Mir fällt eine halbe Strophe des Dagobert-Duck-Gedichts wieder ein, das ich für den Sparkassen-Lyrikwettbewerb geschrieben hatte. »Im Disneyland von einer Bruck …« Ist nicht einmal mehr Wasser im Kanal.

Ich kicke einen Pappkarton vor mir her, mehr schlecht

als recht, ich bin wirklich scheiße in Fußball. Harald hatte sich aus einer ähnlichen Schachtel Schilder gebastelt, damals.

»Innsbruck«, »Bozen«, »Verona«, er war als Zweiter am Meer.

Es kommt mir wie eine Ewigkeit vor, aber schon der dritte oder vierte Lkw nimmt mich mit.

»Zumindest bis Kufstein«, sagt der Fahrer, »da mache ich Pause. Hast eh Glück, ich nehme kaum noch Anhalter mit. Macht ja ohnehin keiner mehr.«

Das stimmt. Wenn irgendwas wirklich verschwunden ist, dann das Trampen. Man hörte aber auch immer so Geschichten. »Ich hätte mich das nie getraut«, sagte Katja damals. Sie verteilte ihre Bewunderung gleichmäßig auf uns alle.

Im Autoradio läuft Lindenberg, »Hinterm Horizont geht's weiter«, wie schlecht ist das denn? »Die größten Hits der siebziger und achtziger Jahre und das Beste von heute!« Der nächste Song ist ›Living in a box‹.

Das war definitv der letzte Abend im Stüberl. Der Lkw-Fahrer fährt doch ein bisschen weiter.

»Über'm Brenner schläft's sich besser«, sagt er.

Ich weiß noch, wie schön es immer war, in einem fremden Auto an den Feldern vorbeizufliegen. Wenn kein Mais mehr kam, begann der Süden. Diese elenden deutschen Maisfelder, gerade, akkurat und an den Rändern wuchs Schachtelhalm. Wolfi hat ihn oft gekaut. Wenn Wolfi damals nicht dabei gewesen wäre, hätte ich vielleicht eine Chance gehabt …

Ich halte meine Zehen ins Wasser. Keine Ahnung, wie

lange ich hier schon sitze. Damals war das Wasser auch so kalt. Jetzt klingelt mein Handy, ich muss es unterwegs eingeschaltet haben. Erwin ist dran: »Wo bist du?«

»Verschon mich mit dieser Kack-Frage.«

»Wollt' nur mal hören. Wart mal 'n Moment.«

Es knackt in der Leitung. Dann ist Erwin wieder da: »War ganz geil gestern, oder?«

»Geht so.«

»Ich war ziemlich hacke.«

»Habt ihr noch lange gemacht?«

»Harald ist kurz nach dir weg, mit Wolfi habe ich dann noch ewig weitergesoffen.«

»Ich dachte, er wär' gleich abgeholt worden.« Ich will es doch wissen.

»Immer noch die alte Rivalität …« Erwin spannt mich auf die Folter.

»Jetzt spuck's schon aus, du Arsch«, sage ich.

»Irgendeine Bettina, doof wie Brot, aber Mordstitten.« Mein Schweigen hört sich wohl erleichtert an.

»Du hast doch gedacht, es wär Katja, hab ich recht oder hab ich recht?«

Ich lache und Erwin hakt nach: »Das mit Katja ist schon lange rum. Was ist denn das für ein Lärm? Zum Teufel, wo steckst du?«

Ich lache lauter. »Rat mal.«

»Scheiße auch«, sagt Erwin, »ich habe einen verdammten Schädel und keinen Bock auf Raten.«

Im Hintergrund höre ich Stimmen. Jetzt frage ich: »Wo bist du?«

»Ich stehe an der Raststätte Irschenberg«, sagt Erwin.

»Was machst du denn ...? Nee, oder?«

Nun ist er es, der lacht. »Wollt halt gucken, ob ich's noch bringe.«

»Dann habe ich ganz schön Vorsprung, Alter«, sage ich.

»Wusst ich's doch, dass du's auch probierst«, sagt Erwin, »und jetzt?«

»Keine Ahnung. Hörst du das Plätschern?« Ich halte den Hörer ans Wasser und genieße meinen Triumph.

»Erzähl keinen Scheiß«, sagt Erwin. »Hör mal, mir reicht's, ich nehme mir jetzt ein Taxi und düse heim.«

»Mach du mal«, sage ich.

Erwin lacht wieder. »Das Fass geht auf mich. Sieh zu, dass du zurückkommst, wenn du cool bist, schaffste's bis heut Abend.«

»Hey, wattscheins schaffe ich das«, sage ich.

»Um acht im Stüberl?«

»Wattschinsen.«

»Bis dann.«

Ich ziehe meine Socken und Schuhe wieder an und überlege, in welcher Richtung der Bahnhof liegt. Die Sonne spiegelt sich auf dem Wasser und die riesigen Betonklötze, die sie hier gebaut haben, werfen ihre Schatten. Wie Schachteln. Dunkle, schwimmende Schachteln.

Wirklich schön ist es ja nicht, am Brennersee. Aber das war es in Cavalino auch nicht.